HISTOIRE

DE

L'USURE.

Cet Ouvrage se trouve à Paris, chez

CHAIGNIEAU aîné , Imprimeur-Libraire ,
rue de la Monnaie, n°. 11.
CHAIGNIEAU jeune , Imprimeur-Libraire
et Éditeur , rue Saint-André-des-Arcs ,
n°. 42.
L'Auteur, cloître Saint-Benoît , n°. 7.
Tous les Marchands de nouveautés.

HISTOIRE

DE

L'USURE,

Chez les Egyptiens, les Juifs, les Grecs, les Romains, nos ancêtres et les Chinois; et considération sur les ravages qu'elle exerce actuellement en France;

Dans laquelle l'auteur présente les moyens propres à la réprimer, prouve que l'édit de 1770, qui fixe l'intérèt de l'argent à 5 pour 100, est encore en pleine vigueur, et donne une explication des articles 1153 et 1907 du Code Napoléon, relatifs au prêt à intérèt.

Par P. B. BOUCHER.

A PARIS,

IMPRIMERIE DE CHAIGNIEAU JEUNE.

1806.

HISTOIRE

DE

L'USURE,

J. B. BOUCHER

PRÉFACE.

Quelques personnes demandant d'où provient la stagnation momentanée du commerce, d'autres, se croyant instruites, assurent qu'elle est due aux circonstances politiques par lesquelles nous avons été obligés de passer.

Quelques autres personnes demandant si ce n'est pas aux trop fortes impositions qu'on doit cet inconvénient, d'autres leur répondent que c'est à leur indispensabilité qu'il est dû.

Si je prouve que les circonstances n'ont point autant influé sur le commerce qu'on le pense ;

Si je prouve que les impositions, qui paraissent fortes au premier coup-d'œil, ne donnent pas les mêmes résultats qu'autrefois ;

Si je prouve que c'est l'usure qui a tari les sources d'où découlait la prospérité publique : j'aurai donné la solution d'un problême qui jusqu'ici a paru insoluble.

L'usure (et je n'en doute nullement) est la seule cause qui a ralenti le commerce. On sait quels furent les désordres et la confusion qu'elle

jeta dans l'ancienne Rome ; à
la vérité les suites fâcheuses
qu'elle eut furent plutôt l'ouvrage des perturbateurs (qui
étaient toujours prêts à profiter
du moindre prétexte pour oc-
casionner des ravages) que le
sien ; mais il n'est pas moins
vrai que si ce prétexte n'eût
pas existé, le mal ne se fût
point présenté.

Il est bien évident qu'aujour-
d'hui nous n'avons plus à appré-
hender un pareil inconvénient,
parce que l'expérience nous a
prouvé cent et cent fois que les
crédules en ont toujours été les
victimes, et que ceux qui les
avaient abusé ont été les seuls

qui ne l'ont pas été. Cependant il restera toujours à dire qu'on doit se croire répréhensible de laisser un prétexte aux machinations ; n'y aurait-il qu'un seul imbécille (car il ne peut y en avoir d'autre) qui eût à s'en repentir, ce serait encore beaucoup trop.

Certaines personnes me blâmeront sans doute d'avoir répandu dans un ouvrage qui par sa nature doit présenter beaucoup de gravité, quelques plaisanteries tant bonnes (s'il y en a) que mauvaises ; j'espère qu'on me pardonnera cette petite licence, en faveur du motif qui me l'a fait prendre.

Il m'a paru assez souvent que la verge du ridicule frappait aussi fortement que le glaive de la loi, sur-tout lorsque celui sur qui étaient dirigés les coups de la justice pouvait avec quelque facilité les détourner. Le ridicule, en pareille circonstance, n'est donc pas une chose à mépriser : aussi l'ai-je employé.

Des hommes aussi profonds que probes et vertueux, jaloux de donner une aussi grande liberté au commerce que sa nature semble l'exiger, ont provoqué par leurs écrits et leurs discours la liberté illimitée en faveur de l'usure, imaginant que la concurrence y apporterait de justes bornes. L'expérience leur a prouvé et leur prouve qu'une belle théorie n'est pas toujours en concordance avec la pratique; s'ils doutaient de cette vérité, ils n'auraient qu'à jeter les yeux sur les villes et les campagnes, ils en trouveraient des preuves non équivoques.

Cependant comme l'homme privé, tel que je suis, enfermé dans son cabinet, ne voit guère plus loin que les limites apposées par sa bibliothèque, et qu'au contraire l'homme d'état, élevé au dessus de tous les autres, éclairé des flambeaux qui peuvent jeter quelques lumières sur les plus grandes comme sur les plus petites parties de l'administration, pouvant apercevoir, dans l'espace immense que son œil parcourt des choses qui semblent voilées pour tout autre, je n'aurai pas la témérité de croire que les principes que je présente soient exacts : aussi dans cet opuscule n'ai-je eu d'autre desir que d'indiquer une pratique qui m'a paru avoir fait naître une plaie profonde, laissant le soin à ceux qui sont plus instruits que moi, de sonder la profondeur du mal que j'ai cru apercevoir, et à proposer les remèdes qu'ils croiront convenables. Conséquemment, si, contre mon attente, je proclame quelques erreurs, je pense avoir droit à quelqu'indulgence, parce que mes intentions sont pures. Au reste, quel que soit le jugement que l'on portera sur cet ouvrage, le grand génie qui tient entre ses mains les rênes et les destinées de l'Empire, toujours en action, sacrifiant son repos au desir qu'il a de rendre son peuple heureux, lorsque les circonstances favorables se présenteront, prendra sans doute un parti à cet égard. Accoutumé à ne point errer, quel que soit celui qu'il jugera à propos de prendre, il sera pour la France un présage de bonheur et de félicité, et avec confiance nous devons espérer que les résultats en seront heureux, lors même qu'il laisserait les choses dans l'état où elles sont, parce qu'il n'appartient qu'à un génie aussi pénétrant de prévoir que ce qui peut être un mal pour le présent, peut être un bien pour l'avenir. Car telle institution qui paraît vicieuse dans des circonstances extra-ordinaires, souvent cesse de paraître telle dans les circonstances ordinaires, comme par exemple est l'exportation des grains, dont à la vérité le principe ne peut servir de règle par rapport à l'illimitation de l'intérêt de l'argent, vu les différences qui existent entre l'une et l'autre; en effet, autre chose est le moyen d'acquérir, et autre chose est l'objet à acquérir.

HISTOIRE DE L'USURE.

CHAPITRE PREMIER.

Définition de l'Usure, et quel était son taux chez les Egyptiens, les Juifs, les Grecs et les Romains.

LE mot usure en général, signifie le profit que l'on tire d'une chose prêtée. *Usura fenus, quæstus ex mutuo.* Le mot d'usure en français se prend ordinairement en mauvaise part, et pour un gain illicite que l'on fait sur son argent : mais comme le mot latin *usura*, ou du moins le pluriel *usuræ*, peut se prendre pour un intérêt légitime, il semblerait qu'en français comme en latin on pourrait lui attacher le même sens : mais il en est différemment parmi nous et dans nos usages. On appelle usure le profit que l'on tire d'une chose prêtée, portée au-delà du terme assigné par le législateur.

Une loi des Egyptiens, rapportée par de Lamare, porte :

« Si un créancier a un écrit, il peut
» se faire payer de son débiteur; mais
» il lui est défendu d'exiger, par une
» usure excessive, le double du prin-
» cipal ». L. 15.

Il ne faut point croire qu'il fût permis en Egypte de prendre annuellement le double du principal : mais il pouvait se prendre, et point au-delà après que, par une suite d'année, l'usure l'avait atteint.

La loi de Moyse défendait aux Juifs

de se prêter de l'argent réciproquement à usure ; elle leur permettait seulement d'en prêter ainsi aux étrangers , et même elle le leur ordonnait. Le Deuté ronome porte : *Tu ne donneras point ton argent à usure à ton frère :* Le quadruple était la peine de l'usure chez les Juifs, comme il se voit dans l'évangile de S. Luc, cap. 19, vers. 8 et 11.

A propos de l'usure chez les juifs , Voltaire dit , *Questions sur l'Encyclopédie* , au mot *Intérêt* :

« Il fallait que la défense de prendre
» l'intérêt de Juif à Juif fût bien tom-
» bée en désuétude, puisque N. S. J.
» prêchant à Jérusalem, dit expressé-
» ment, que l'intérêt était, de son
» tems, *à cent pour cent.* Car dans la
» parabole des talents il dit, que le
» serviteur qui avait reçu cinq talents
» en gagna cinq autres dans Jérusalem,
» que celui qui en avait deux en ga-

» gnã deux, et que le troisième qu
» n'en avait qu'un, qui ne le fit pas
» valoir, fut mis au cachot, par le
» maître, pour n'avoir point fait tra-
» vailler son argent chez les chan-
» geurs. Or, ces changeurs étaient
» Juifs ; donc c'était de Juif à Juif
» qu'on exerçait l'usure à Jérusalem ;
» donc cette parabole , tirée des
» mœurs du tems , indique manifes-
» tement que l'usure était *à cent pour*
» *cent*. Lisez S. Mathieu , chap. 25 ;
» il s'y connaissait : il avait été com-
» mis de la douane de Galilée. »

Il est facile de combattre Voltaire
avec ses propres armes : il est plus
que douteux que les changeurs dont
il fait mention fussent Juifs ; mais en
supposant qu'ils fussent tels, ces changeurs, d'après la loi du Deutéronome,
ne prêtaient point à usure aux autres
Juifs , mais seulement aux étrangers ,

qu'ils lésaient le plus qu'ils pouvaient ; dans ce cas, ces mêmes changeurs ne pouvaient être considérés que
comme les mandataires des Juifs ; à
qui ils remettaient une grande partie
du bénéfice qu'ils faisaient. On sait
que le *Coran*, calqué en grande partie
sur la loi de Moyse, porte une dis-
position pareille à celle du Deutéronome.

Démosthène , Xénophon , Aristo-
phane , Théophraste , Plaute et Aristote, ont déclamé contre l'usure et les
usuriers.

Les grecs dans le calcul de l'usure,
dit Paucton, page 452, suivirent deux
méthodes , l'une relative à l'espace
d'un an, l'autre à celui d'un mois, prenant *le tiers* du principal par an, 33
drachmes un tiers pour cent, et une
drachme et sept dix-huitième par mois.

Cet intérêt paraîtra exorbitant , et

l'est en effet ; mais il y a tout apparence qu'il ne se pratiquait ainsi que dans les contrats à la grosse ; j'en trouve la preuve dans l'oraison de Démosthène contre . . . ., dans la formule littérale du contrat ; cet intérêt est porté à 225 pour mille, et ensuite à 300 pour mille, ce qui, dans ce dernier cas, le porte à 30 pour 100. Or, comme dans le contrat à la grosse la perte du capital retombe sur le prêteur et non sur l'emprunteur, cette espèce d'usure était et serait encore, dans diverses circonstances, légitime.

A l'égard de l'usure chez les Romains, voici de quelle manière en parle Paucton, page 442 :

« A remonter aux tems les plus re-
» culés, on ne voit point que les lois
» aient permis ordinairement une usure
» plus forte que *la centésime*, c'est-à-
» dire *un pour cent par mois*, ou *douze*

» *par an.* Car, quoi qu'au rapport de
» Démosthène, la femme répudiée fût
» autorisée, par la loi de Solon, à re-
» tirer *la centésime et demie de sa dot*
» *si le mari différait à la lui rendre,* ce
» cas particulier ne doit être regardé
» que comme *une peine* qui prouve
» que cette espèce d'usure n'était pas
» ordinaire. C'est à cette *centésime* que
» les Romains réduisaient tout leur cal-
» cul en ce genre : il la regardaient
» comme *as* ou un tout, et la soumirent
» ainsi à toutes les divisions reçues de
» l'*as.* L'usure était-elle plus forte ?
» L'expression qui la désignait se rap-
» portait toujours à *la centésime* ; on
» disait donc *la sesqui-centésime,* ou
» l'usure par mois *d'un et demi pour*
» *cent,* ou *de dix-huit par an; la double*
» *centésime,* ou celle *de deux pour cent*
» *par mois,* ce qui fait *vingt-quatre*
» *par an;* ainsi des autres, plus haut ou
» plus bas.

» Pour n'avoir pas bien compris le
» principe sur lequel roulait le calcul
» des Romains à cet égard, je ne sais
» combien d'auteurs ont confondu
» *l'usure oncière* avec *la centésime.*
» M. de Montesquieu a bien vu que de-
» puis le tems où les lois romaines mi-
» rent un frein à l'avidité des créan-
» ciers, l'usure *oncière* ne pouvait pas
» signifier *un pour cent par mois*, parce
» qu'autrement les empereurs qui per-
» mirent l'usure *quarte, tierce, sémisse,*
» l'auraient fixée *à trois, quatre et six*
» *pour cent par mois*, ce qui sans doute
» eût été absurde, comme il le dit ;
» car les lois faites pour réprimer
» l'usure auraient été plus cruelle que
» les usuriers. Mais il s'est persuadé
» que l'usure *oncière* était d'un pour
» cent par mois, et qu'elle ne désigna
» un pour cent par an que long-tems
» après . . . .

(23)

» On voit bien en général que *usuræ*
» *unciariæ* déclare un intérêt *d'une*
» *once* ; que *usuræ semisses* indique
» une usure de *six onces* ; que *usuræ*
» *deunces* signifie une usure de *onze*
» *onces* ; mais nous ne voyons pas encore
» clair dans ce système numérique. En
» effet, payer *onze onces* d'intérêt *sur*
» *un as*, ou les onze parties d'un tout,
» soit par mois, soit par an, cela n'est
» pas admissible. *Usuræ centesiæ* pa-
» raît annoncer un intérêt *d'un pour*
» *cent* : mais est-ce par an ? est-ce par
» mois ? Par an, un pour cent serait
» peu ; par mois, un pour cent, ce
» serait douze pour cent par an. »

Ici l'auteur pense que l'*as* doit être
considéré comme une unité, *centième*
partie d'un tout, que les romains di-
visaient en douze onces, de manière,
dit-il, que *centesimæ usuræ* signifiant
un ou douze douzièmes pour cent,

deunces usurœ signifierait onze douzièmes pour cent, *semisses usurœ*, six douzièmes pour cent, *unciariœ usurœ*, un douzième pour cent, *usurœ semunciariœ*, un vingt-quatrième pour cent, le tout à raison de l'espace d'un mois. Ce systême, ajoute l'auteur, paraît assez plausible ; il continue en disant :

» Mais est-ce là la véritable théorie » de l'usure chez les Romains? et si ce » l'est, est-il certain que c'était à rai- » son du mois qu'elle était due? Colu- » melle, *lib. 3, ch. 3*, par le calcul » qu'il en fait, va nous l'apprendre. » Cet écrivain traitant de la culture » de la vigne, après avoir ajouté en- » semble les prix d'un esclave vigne- » ron, de sept jugères de terre, de » marcottes nécessaires pour le plant » de ce terrain, des échalas et des » osiers, fait monter cette somme à

» 29,000 *sesterces*, dont il tire les
» *usuræ semisses* qu'il évalue à *3480*
» *sesterces pour deux années*, prenant
» donc la moitié de 3480, nous aurons
» 1740 sesterces pour les *semisses usu-*
» *rarum* d'un an sur un capital de
» 29,000 sesterces faisant cette pro-
» portion :

29,000 sesterces par an : 1740 sesterces d'intérêt : : 100 sesterces : 6.

» Donc *usuræ semisses* exprime un
» intérêt à six pour cent par an, et
» six douzièmes ou 6 onces de l'*as* cen-
» tésime par mois. Voilà le développe-
» ment du système numérique chez
» les Romains. »

M. Dupuy prouve d'après les lettres
de Cicéron à Atticus, *lib. 5, epist. 21*,
et *lib. 6, epist. 1, 2, 3* que *l'anato-*
cisme, c'est-à-dire l'intérêt de l'intérêt, se prenait seulement tous les ans ;
cet *anatocisme* fut réprouvé avec note

d'infamie par une loi de Dioclétien et de Maximien, en 284; mais on chercha bientôt à éluder cette loi par une subtilité : le créancier faisait avec le débiteur un nouveau traité par lequel les usures non perçues étaient incorporées au principal, comme si c'eût été un nouveau prêt, et commençaient dès lors à produire. Justinien défendit absolument de réunir au principal les usures, soit passées, soit à venir, et statua que l'ancien prêt serait le seul qui porterait intérêt.

Outre l'usure pécuniaire, il y avait à Rome l'usure des fruits : celle-ci ayant été réduite, par Constantin-le-Grand (Code Just., *lib. 2*, *tit. 3*, *lex 1*), à la moitié du prêt, s'appela *hemiole*, mot qui signifie *un* et *demi*, comme l'enseignent Suidas et Harpocrate, et encore Aulu-Gelle *l. 1, c. 14*; ensorte que par cette usure, pour un *modius* de bled prêté, on en rendait un et demi au bout de l'an ; Paucton.

Mais cette *hémiole* fut justement défendue (par les conciles de Nicée et de Laodicée) aux ecclésiastiques, sous peine d'être retranchés du clergé.

S. Chrysostôme, par les plaintes qu'il fait, prouve clairement que de son tems l'usure était à douze pour cent, et que dans les récoltes les riches prenaient, pour le prêt qu'ils avaient fait, la moitié par-dessus le principal. Il dit :

« Les riches ne se contentent pas » d'exiger des cultivateurs la *centième* » *partie du tout*, ils veulent *la moitié*. »

Justinien, par la suite, fixa l'usure des fruits *au huitième d'un modius par an*. Cet intérêt était un peu plus fort que *la centésime*, puisque, sur ce pied, cent *modius* en produisaient douze et demi.

Les premiers Romains condamnaient généralement l'usure, de quelque nature qu'elle fût ; ce qui faisait dire à Caton l'ancien ; que parmi les premiers Romains l'usure était plus en abomination et punie plus sévèrement que le vol. Caton, *de re rust. initio.* Paucton.

On demanda à Caton l'ancien, dit Cicéron, c. 25, quels étaient les meilleurs biens : *de bons troupeaux ;* dit-il ; ensuite ? *des troupeaux médiocres ;* après ces troupeaux ? *des troupeaux au - dessous du médiocre;* après ces troupeaux ? *des terres labourables ;* et de prêter son argent à usure, qu'en dites-vous ? et de tuer un homme, qu'en dites-vous vous-même, reprit le sage Romain. Cette anecdote confirme ce qu'avance Paucton.

L'ambition et l'avidité ayant suivi les succès des armes romaines, l'usure fut portée à des excès révoltans, qui plus d'une fois, entraînèrent à d'autres excès non moins révoltans, qui manquèrent de renverser la république en y allumant des guerres civiles. Tacite, *lib. 6, 16 annal.*, témoigne que les lois des douze tables, pour réprimer la licence des usuriers, ne permirent que l'*usure onciaire*, qui fut elle-même restreinte à la *demi-once*, et suivie de l'anéantissement de toute usure.

L'empereur Basile défendit généralement toute espèce d'usure ; mais Léon, son fils, s'apercevant du dommage que le commerce en souffrait, vu que chacun serrait son argent, supprima cet édit, parce que, comme il le dit, il était plus pernicieux qu'utile, *Léo, constitut.* 83 ; et il remit en vigueur les réglemens anciens.

La loi des douze tables ayant permis l'usure *onciaire*, elle défendit d'en exiger une plus considérable, à peine

d'en restituer le quadruple : God. sur
la loi 21, *si quis unciario.*

Ici, je ne puis m'empêcher de faire
une réflexion : Les bons usages étant
fondés sur la nature des choses, sont
suivis en tout tems, en tous lieux, par
tous ou presque tous les peuples. Le
contrat à la grosse, dont nous nous
servons aujourd'hui, est exactement
le même que celui dont parle Démosthène et dont on voit la formule
dans ses Oraisons ; la seule différence
que l'on y trouve, c'est que parmi nous
le contrat est fait par-devant notaire,
ou en double entre les parties, et que
parmi les Grecs il était remis à un
tiers. Nous avons vu que la loi de
Moyse punissait l'usure du quadruple ;
nous voyons que la loi des douze tables
la punit de la même manière. Au reste,
chez tous les peuples, l'usure a été et
est encore en horreur

Les décemvirs ayant réglé à Rome l'usure, leurs lois étant tombées dans l'oubli, Justinien, dans sa constitution portée la vingt-sixième année de son empire, voyant que les usuriers n'avaient d'autre règle que leur cupidité, permit,

Aux personnes de distinction de prendre l'usure *triente*, c'est-à-dire quatre pour cent par an ;

A la banque, l'usure *besse*, c'est-à-dire huit pour cent par an ;

A la marine, pour les contrats à la grosse, l'usure *as*, ou *centésime*, c'est-à-dire douze pour cent ;

Pour les prêts ordinaires, l'usure *sémisse*, c'est-à-dire six pour cent. *L.* 26, *de usuris.*

Dans une de ses novelles, le même empereur, cherchant à favoriser l'agriculture, ordonna qu'on ne pouvait exiger des laboureurs que l'usure *quincunse*, c'est-à-dire cinq pour cent.

Aucune partie de l'ordre économique ne fut sans doute mieux réglé à cette époque que l'usure, tout y fut pris dans l'ordre des choses, et suivit la marche de la nature elle-même. En effet,

La loi donna quatre pour cent au capitaliste. Ce n'est point un bénéfice qu'elle lui accorda, mais seulement une simple indemnité de ce que lui aurait pu produire son argent, année commune, s'il l'eût placé en fonds de terre.

Le banquier, d'après la loi, peut prendre huit pour cent, parce qu'il est nécessaire d'avoir des personnes qui soient toujours disposées à prêter, afin de satisfaire aux besoins urgens, et comme ce banquier payait au capitaliste quatre pour cent, et qu'il avait des bureaux à tenir et des peines à prendre, les quatre pour cent restant étaient pour lui. Rien sans doute ne fût mieux fondé en raison. Lorsque l'empereur limita le prêt à la grosse, comme à cette époque on n'avait pas de grandes connaissances sur le commerce, il fit une erreur.

En effet, le contrat à la grosse étant celui dans lequel le donneur d'argent consent à perdre son capital et intérêt si la chose sur laquelle il est hypothéquée vient à périr, et où il prend un intérêt proportionné au danger présumé qu'il court. Il n'est point possible de fixer une limite à cet espèce d'intérêt, parce que la base est des plus mobiles, vu que le vaisseau, le capitaine, la composition de l'équipage, les mers qu'il a à parcourir, la saison dans laquelle le voyage doit être fait, et mille autres choses sont autant d'obstacles qui empêchent de poser des bornes certaines à ce genre de transaction : cette loi était donc mauvaise.

L'usure fut portée à six pour cent pour les prêts ordinaires, c'est-à-dire pour les prêts faits et pris par des personnes peu fortunées, et sans doute pour de petites sommes.

Le laboureur ne payait que six pour cent, parce qu'il ne retirait à peu près que cette somme de son champ. Il payait en argent l'équivalent qu'il aurait dû naturellement payer en nature. Alors c'était favoriser l'agriculture, laquelle mérite la plus grande faveur. Nous avons vu que, suivant Columelle, les terres rapportait six pour cent.

Le peuple romain, dont on nous vante tant la sagesse et la vertu, a-t-il donc toujours été aussi sage et aussi vertueux qu'on nous le dit ? Je ne le pense pas. J'ouvre Tite-Live, *lib. 21*, *syntagma universi*, *l. 19, c. 5*, et j'y lis : « Par une loi donnée par J. Clau-

» dius, tribun du peuple, l'an 364 de
» Rome, il était défendu aux sénateurs
» d'avoir sur mer un navire qui con-
» tînt plus de trois cents mesures, c'est-
» à-dire au-delà de leur provision. Ce
» réglement, qui semble reconnaître
» la fraude que se permettaient ces
» chefs de la république, eut le sort
» de beaucoup d'autres : *celui d'être*
» *reçu avec joie, et d'être oublié de*
» *lui-même.* »

Une chose bien plus plaisante : le
sénat qui avait l'air de vouloir fou-
droyer l'usure et les usuriers, n'était
qu'un composé d'usuriers qui désolaient le peuple par leurs extorsions ;
et comme le peuple suit toujours les
maximes de ses chefs, Rome n'était
composée que d'individus qui, la lance
au poing, avaient toujours le bras en
l'air pour la défendre, pendant qu'ils
avaient sous le manteau, l'autre bras
armé d'un poignard pour l'égorger.

Lorsque j'insinue que les principaux de Rome exerçaient la détestable profession d'usurier, je n'avance rien de trop. Je vais le prouver.

Il sera sans doute inutile de parler de l'avidité de Caton, parce que tout le monde la connaît; parlons un peu de celle de l'antagoniste de Verrès, c'est-à-dire de celle de Cicéron, un des plus fiers hypocrites de l'antiquité; et son hypocrisie se trouve extraordinairement dévoilée par les anecdotes suivantes.

Brutus, le vertueux Brutus, avait été élevé par son oncle, le non moins vertueux Caton, dans la philosophie stoïcienne, qu'il avait embrassée avec une ardeur incroyable; sa réputation d'homme vertueux ne paraissait nullement équivoque aux yeux de ses concitoyens : il paraît néanmoins que cette vertu, prétendue rigide, ne l'était

point autant que l'on veut nous le faire
croire, puisque Cicéron se plaint amè-
rement de lui, parce qu'il avait voulu
l'engager à employer les extorsions les
plus odieuses contre les peuples de son
gouvernement, pour le faire payer des
sommes considérables qu'ils lui devaient; sur les plaintes que Brutus lui
fit de ce qu'il se refusait à satisfaire
ses desirs, il répondit en ces termes
à Atticus.

« Si ce n'est qu'à ce prix que je puis
» continuer l'amitié de Brutus, je suis
» bien aise qu'il sache qu'il peut cher-
» cher un autre ami que moi. »

D'après cette réponse morale, qui
croira que l'orateur romain n'avait pas
honte de se servir du ministère de ses
amis pour prêter, contre la loi, de l'argent à gros intérêt? Et que dirons-nous
de l'illustre Sénèque, ce sage précep-
teur du cruel Néron, qui, malgré qu'il

eût fait son beau livre intitulé *Traité sur le Mépris des Richesses*, épuisa toute la Bretagne par ses énormes usures? Enfin, que dirons-nous de César, de Pompée et de Brutus, que Montesquieu nous représente comme de très-grands usuriers. Il faudra dire ce que cet auteur dit lui-même: L'usure était naturalisée dans Rome ; et conclure ensuite avec l'ancien auteur Savyn :

« Communément la subjecte province
» Forme ses mœurs au moule de son Prince. »

Et il ne restera à faire d'autre réflexion que celle - ci. Lorsque des plaintes d'usure étaient portées devant les magistrats usuriers de Rome, étant juges et parties, leurs confrères ne devaient point être mal servis. Cette réflexion explique la raison qui a fait si souvent éluder, à Rome, les lois rendues contre l'usure. En France, autrefois, ces lois étaient sans doute éludées comme toutes les autres ; mais par qui étaient-elles éludées ? Par des hommes qui avaient fait abnégation de toute espèce de sentiment , lesquels, étant capables de tout faire , bravant les lois et l'opinion publique , satisfaisaient clandestinement leur cupidité. Néanmoins les peines afflictives infligées de tems à autres à de pareils vexateurs, en diminuaient tellement le nombre, que ceux qui restaient n'affligeaient que fort peu la société.

CHAPITRE II.

De l'Usure dans le moyen âge, et époques suivantes jusqu'à nos jours.

PAR le cod. visig. *lib. 5, tit. 5, leg. 8 et 9*, l'usure était autorisée ; il était permis au créancier d'exiger du débiteur le huitième du principal, c'est-à-dire douze et demi pour cent si c'était en argent, et le tiers, c'est-à-dire trente-trois un tiers pour cent pour toutes sortes de denrées, *année 712, hist. Lang. t. 1, page 382.* Mais il faut prendre garde qu'à cette époque les armes brillant de toute part, le flambeau de la guerre incendiant tout ce qui se rencontrait, l'incertitude dans laquelle on se trouvait de rattra-

per ses avances, portait à ce haut
taux l'usure, qui naturellement d'ailleurs devait être fixée à la gauloise ;
mais Théodoric, roi d'Italie en 493 (1),
ordonna que tout créancier qui pren-
drait plus d'un pour cent par mois
perdrait son capital; et Alaric, roi de
Toulouse en 484, marchant sur les
traces de son prédécesseur Évaric,
roi en 466, permit de prendre douze
et demi pour cent d'usure, pourvu
que l'emprunteur eût fait quelque bénéfice avec l'argent emprunté.

Charlemagne fit aussi un capitulaire
contre l'usure.

Dans la gazette des tribunaux, t. 3,
page 189, on trouve ce qui suit :

« Arrêt de la cour du parlement, du

____

(1) On sait que ce roi, pour se concilier l'amour
des Italiens, les imita dans leurs mœurs autant qu'il
lui fut possible.

» 10 janvier 1779 , qui condamne
» Jacques Boulleau , Claude Vidy,
» Nicolas Naudin , et Jeanne Lepage,
» femme de Jacques Fition, au *carcan*
» *et au bannissement pour neuf ans,*
» *pour usure.*

» Condamne pareillement François-
» Jean Bédanne, Marie-Catherine Fau-
» camberge , femme de sieur Gode-
» froy ; Jean Bouin, Françoise Anseau,
» femme de François Fœnin , à faire
» amende honorable, et au bannisse-
» ment de neuf ans , aussi pour usure.

» Ordonne que les ordonnances du
» royaume, déclarations du roi, arrêts
» et réglemens de la cour, notamment
» *le Capitulaire* de Charlemagne de
» l'année 789 , l'ordonnance de Phi-
» lippe III, de 1274, les ordonnances
» de Philippe IV, du 30 janvier 1311
» et du 8 décembre 1312 , l'ordon-
» nance de Louis XII, de juin 1510,

» art. 64, 65 et 66, l'ordonnance d'Or-
» léans, de janvier 1560, art. 142,
» l'arrêt de la cour, du 26 juillet 1565,
» l'ordonnance de Charles IX, du mois
» de mars 1567, l'ordonnance de
» Blois, du mois de mai 1569, article
» 202 et 362, les arrêts de la cour,
» du 26 mars 1624, du 2 juin 1699,
» du 10 janvier 1736, du 28 juillet
» 1752 et du 27 août 1764, seront
» exécutés selon leur forme et teneur ;
» en conséquence, fait très-expresses
» inhibitions et défenses à toutes per-
» sonnes de quelque état et condition
» qu'elles soient, d'exercer aucunes
» espèces d'usures prohibées . . . . . .
» par les ordonnances, arrêts et régle-
» mens de la cour, en quelque ma-
» nière que ce soit et puisse être, et
» même sous apparences feintes et con-
» trouvées de faits de commerce, di-
» rectement ni indirectement, par elles
» mêmes ou par personnes interposées.

(44)

» Fait pareillement défenses à toutes
» personnes de servir de proxénètes ,
» médiateurs ou entremetteurs de prêts
» et négociations illicites et prohi-
» bées, le tout sous peine de nullité ,
» amendes pécuniaires, bannissement,
» confiscation de corps et de biens ,
» amendes honorables, et autres peines
» corporelles, selon l'exigence des cas
» et la gravité des délits , ainsi qu'il
» est porté par les ordonnances, arrêts
» et réglemens ci-dessus. »

L'ordonnance de Philippe IV, dé
janvier 1311, citée ci-dessus, porté
dans son préambule :

« Nos desirants de grant affection
» de tout nostre cœur, ainsi comme
» sommes tenus, et nos prédécesseurs
» de qui nous sommes dessendus, ont
» toujours faits , la reformation pu-
» blique de nostre royaume, et profit
» de noz subgiez, procurer et esche-

» ver leur dommage, veons clairement
» et regardons que les griès (les
» grièves) usures, qui cüerent (qui
» courrent) en cest tems par toutes
» les parties de nostre royaume dé-
» vourent (dévorent) et *dégastent*
» (ruinent) les biens et la sustance
» (substance) de nos subgiez, com-
» munément entant que sans nombre
» de gens en sont venus *en grand po-
» verté* et venroient (et viendraient)
» plusieurs si remède n'y estoit mis
» pourquoi, etc. »

En Normandie, deux particuliers
ont réduit à l'aumône, par leurs
usures, plusieurs riches fermiers. C'est
de quoi m'a instruit une personne
sous les yeux de laquelle les choses se
sont passées.

Dans Brodeau sur Louet, tom. 1.
pag. 34, on trouve les assertions suivantes, sur l'usure déguisée par le contrat de vente.

«La loi défendant l'intérêt du denier dix, tel intérêt *ne se peut couvrir* par quelque contrat ou convention ; il n'importe au débiteur par quelle espèce de contrat on lui fait payer dix pour cent ; non plus que le créancier n'est pas excusable par quel moyen directement ou indirectement il prend dix pour cent, il ne peut *couvrir son vice* que par le moyen d'un contrat d'achat ; mais comme le contrat d'achat ne fut jamais introduit pour couvrir ou pallier un usure, aussi n'est-il pas raisonnable que le créancier se couvre de ce manteau pour autoriser ce vice, *qui n'a jamais été autorisé par la loi*, sous quelque prétexte, autorité et couleur que ce soit ; autrement il serait permis aux créanciers, sous un faux fait et prétexte simulé de parole, *de piper les débiteurs*, couvrir et autoriser leur vice ; ce serait adopter le contrat d'achat et de vente, qui est de bonne foi, pour couvrir et autoriser leur vice; ce serait contrevenir indirectement à la prohibition de la loi ; ce serait en effet pallier les usures, et, par *la seule différence des noms*, convertir l'achat en usure, la bonne foi en vice ». Arrêt du 31 juillet 1596, qui casse un pareil contrat. Antre arrêt du parlement de Provence, du 14 mars 1647, par lequel il a été jugé que les usures sont imprescriptibles, et qu'elles ne peuvent *être couvertes par transaction, ni parole*, ni consentement des parties. Bonif. *t.* 1, *part.* 1 *, liv. 8, tit.* 2 *, ch. 8.*

La jurisprudence ayant été uniforme à cet égard, il en est résulté un adage au palais, qui dit :

« Transaction sur usure ne vaut. »

Dans un arrêt, rapporté dans le *t.* 6 du journal des audiences, il a été jugé, le 22 juillet 1713, que des intérêts usuraires, payés volontairement pendant quarante années, devaient être restitués et imputés sur le principal.

CHAPITRE III.

De l'Usure qui se pratique chez les Chinois, et raisons qui la motivent.

Il est assez ordinaire de voir que, lorsqu'on veut soutenir un système vrai ou faux, argumenter d'après ce qui se pratique ailleurs, si on consultait les mœurs, la politique, les localités, les relations, le voisinage des peuples, on verrait évidemment que ce qui peut convenir et contribuer à la prospérité d'une nation, ne peut point quelquefois convenir et contribuer à la prospérité d'une autre nation : la Chine nous donne une preuve de cette vérité par rapport à l'usure.

Dans le voyage de Barow, tome 3,

(5o)

page 62, on trouve ce paragraphe re-
marquable.

« En Chine, on ne prête guère de
» l'argent à intérêt, excepté dans les
» grandes villes, où cela se pratique
» entre les commerçans. L'intérêt légal
» est à douze pour cent, mais on le
» porte communément à dix-huit, et
» quelquefois jusqu'à vingt-six. Pour
» éviter la peine à laquelle la loi con-
» damne l'usurier, ceux qui prêtent
» exigent un billet particulier du mon-
» tant des intérêts au-dessus de douze
» pour cent.

» En Chine, dit lord Macartenay,
» l'usure est, comme le jeu ailleurs,
» une manière avilissante de gagner
» de l'argent ; mais chez nous (en
» Angleterre), par une sorte d'accord
» entre la nécessité et l'avarice, entre
» la misère et l'opulence, on regarde
» comme peu honorable, pour celui

» qui a été victime d'un Juif ou d'un
» filou, de l'attaquer en justice. »

Il y a apparence que le Voyage de lord Macartenay a été tronqué dans la traduction qui en a été faite ; il n'y a rien de tout cela : voici ce que j'y trouve, tome 4, page 108, et ce par rapport au prêt sur gage.

« La loi accorde (en Chine) aux
» prêteurs un très-gros intérêt. L'usage
» de ces prêts annonce sûrement une
» grande imprévoyance de la part de
» la multitude, ou une grande incer-
» titude de succès dans les entreprises ;
» mais la facilité de la culture, et
» l'abondance des récoltes, quand il
» ne survient pas de calamité, mettent
» souvent les paysans, tout pauvres
» qu'ils sont, en état de supporter le
» fardeau des emprunts. »

Sur ce paragraphe, M. Castera, traducteur de ce Voyage, a fait une annotation ainsi conçue :

« Les maisons où l'on prête sur gage
» s'appellent, en Chine, des *tan-pou;*
» l'intérêt légal de l'argent (1) s'élève
» à trente pour cent par an; et sui-
» vant le lettré *Tsien - Tchi*, qui a
» beaucoup écrit sur l'économie poli-
» tique, ce haut intérêt est utile au
» commerce. »

Lequel croirons-nous des deux, est-ce lord Macartenay qui porte l'intérêt légal à douze pour cent, ou bien est-ce le lettré chinois qui le porte à trente pour cent ? Quoi qu'il en soit, d'où peut donc venir ce taux exorbitant en Chine ? D'autant plus que, suivant le même lord Macartenay, t. 4, p. 226, le débiteur qui ne satisfait point à son engagement est réduit à porter publiquement un joug sur le cou; que,

______

(1) L'intérêt légal de l'argent en lingot et monnayé est douze.

dans quelques circonstances , il subit
une punition corporelle, et l'exil en
Tartarie ; qu'on étrangle ceux de l'empereur quand ils le sont par fraude ;
que , si c'est par suite d'infortune , on
vend leurs biens, leurs femmes et leurs
enfans , puis on les exile en Tartarie ?

Je crois trouver la raison de cette
excessive usure ; d'abord dans la rigueur de la loi , et ensuite dans le systême monétaire , puis dans le systême
économique en effet.

En Chine , suivant Macartenay , les
gros paiemens se font avec les métaux
précieux bruts , ou en piastres d'Espagne, qui sont considérées à certains
égards comme matière brute ; sous ce
rapport le signe représentatif, appelé
vulgairement argent, est marchandise.

Indépendamment de cette monnaie
brute, il y a réellement deux espèces
de monnaies, celle appelée *tchen*, qui

est d'argent allié de cuivre, et celle appelée *lie*, qui est de cuivre ; à la mort du souverain ces signes représentatifs sont décriés.

A proprement parler, le commerce se fait en Chine par échange, l'or et l'argent étant marchandises, et jouant toujours le premier rôle dans les transactions, étant de plus sujets, par rapport à cette raison, à devenir rare où abondant, il paraît naturel de croire que le haut taux de l'usure provient :

1°. De ce que, du moment qu'un individu se décide à emprunter, on doit présumer chez lui une fort grande détresse et fort peu de moyen d'échange, puisqu'il s'expose, si même un cas fortuit ou une force majeure le réduit à la misère, à subir une des plus rudes punitions que l'on puisse lui infliger, après avoir payé une usure qui a surpassé les bénéfices qu'il pouvait espérer ;

2°. De ce qu'à la mort du souverain , la monnaie cessant d'être telle,
la nouvelle peut avoir une moindre
ou une plus forte valeur que la précédente : cette incertitude doit nécessairement influer sur l'usure , et la
rendre plus considérable ;

3°. De ce que l'argent y étant marchandise, la présomption d'une forte
ou d'une faible demande produit, par
l'incertitude, le même effet.

M. Legou-de-Flaix (1), dans un mé-
moire manuscrit dont il est auteur, et
qu'il a bien voulu m'envoyer pour
étayer ce que je dis dans le tems sur
l'origine des lettres de change , m'a

---

(1) M. Legou-de-Flaix est né dans l'Inde , où il
a été ingénieur; il m'a paru un savant distingué. Il
possède un manuscrit qui est infiniment intéressant
pour tout ce qui peut avoir rapport à l'Inde. Je ne
doute nullement que le commerce ne lui eût obligation
s'il le faisait imprimer.

prouvé que dans presque toute l'Asie ,
si ce n'est pas dans toute, l'argent
était marchandise, et qu'il y haussait
d'une heure à l'autre.

Cet ordre de chose établi en Chine
me paraît fondé sur la politique du
gouvernement, qui semble faire tous
ses efforts pour proscrire des transactions les métaux précieux , afin qu'en
encourageant les échanges, les indi-
gens mettent plus d'activité pour s'en
procurer les moyens.

Au reste, quoique l'usure soit énorme
en Chine , parmi tous les écrivains qui
ont écrit sur ce vaste et florissant empire, je n'ai point trouvé qu'il y eût
un seul usurier qui eût porté l'usure à
40, 50, 75 , et 100 pour 100 , comme
quelques-uns l'ont fait en France.

CHAPITRE IV.

Quels sont ceux qui font réellement l'usure. Portraits de quelques usuriers, et anecdotes sur leur sujet.

Rigoureusement parlant, on appelle usurier celui qui prend un intérêt plus haut que celui déterminé par la loi. Cependant, comme le commerce a besoin de se mettre à l'unisson de ceux qui lui donnent le ton, on n'a jamais réputé usurier, sous l'ancien régime, le négociant qui prêtait à six pour cent ; de même dans la circonstance présente n'est point réputé usurier le négociant qui prête à deux pour cent par mois, s'il emprunte lui-même à ce taux ; je ne considérerai pas non plus comme usurier le misérable qui, tout en faisant sa profession, prête quelques poignées d'écus pour se donner les moyens qui lui manquent pour s'aider à soutenir sa malheureuse famille. Est seulement usurier celui qui, possesseur de capitaux suffisans pour vivre avec économie, et qui ne faisant aucun commerce, place son argent à un taux plus élevé que celui fixé par la loi. Est encore usurier celui qui fait le commerce d'argent en se permettant la même vexation.

Un sage a dit avec raison : *le visage est le miroir de l'âme.* Fixez un moment un usurier, examinez bien ses mouvemens, son crime se manifestera à vos yeux par son coup-d'œil oblique, sa tournure embarrassée et son air mystérieux ; à le voir ainsi tout décontenancé, il semble qu'il lit dans vos yeux que vous devinez ce qu'il est ; objet

du mépris universel , il croit s'en venger en répondant mal-honnêtement
toutes les fois que vous lui faites l'honneur de lui adresser la parole ; et c'est
ainsi qu'en cherchant à vous en imposer , il espère que vous lui porterez
le respect qu'il sait bien ne pas mé-
riter.

Etant allé un jour chez un homme
de cette espèce , aussitôt que son do-
mestique m'annonça , il se leva préci-
pitamment de dessus son fauteuil, prit
l'*Emile* de Rousseau, l'ouvrit au hasard,
et fit semblant de lire ; m'étant présenté à lui et l'ayant salué sans trop
de formalité, il ne me répondit rien ,
afin que par son silence affecté je ju-
geasse qu'il était plongé dans de sé-
rieuses réflexions. Comme il est très-
borné , et que conséquemment il s'y
prit d'une manière très gauche pour me
donner le change , je fus tenté de lui

demander : *Qu'épelez-vous là ?* A la fin il sortit de sa méditation, et me dit : Je vous demande pardon, je lis Emile. Je lui répliquai en riant : Ce n'est pas moi que vous offensez, c'est Jean-Jacques ; au reste, lui dis-je, vous lisez là *un bon livre.* Comme il crut que je lui disais qu'il lisait un *beau* livre : Ho ! dit-il, ce n'est pas étonnant, je l'ai payé en conséquence ; sa reliure seule me coûte 15 francs comptant. Je lui répondis : Elle est fort chère ; si elle vous eût coûté cela à un mois de terme, elle serait très-bon marché.

Pendant que je faisais cet intéressant dialogue avec mon littérateur usurier, il entra un malheureux artisan, dont la figure pleine de candeur n'annonçait pas l'usure. Comme il saluait son opulence avec plus de crainte sans doute que de respect, elle lui demanda avec le ton rustique qui la

caractérise : Que voulez-vous ? Au
moment que l'artisan lui répondait :
Monsieur, je viens pour. . . . . . Je n'ai
point besoin de vous, répondit l'Harpa-
gon, allez-vous-en. La brusque expédition qu'il venait de faire parut le rendre
tout content de lui-même ; et me re-
gardant, il avait l'air de me dire :
Voyez-vous comme je suis, il ne faut
point venir m'importuner : car je ne
badine pas sur-tout quand je présume
que l'on a faim et que l'on a besoin
de moi ; si Voltaire entrait dans mon
appartement dans le même état, sans
égard pour sa Henriade et tout ce
qu'on estime le plus de lui, je le trai-
terais de la même manière.

En vérité, ont est aussi indigné de
la mal-honnêteté et de la prétention
des usuriers, que de leurs vexations.
A-t-on jamais porté l'effronterie aussi
loin que la portent cette espèce d'hommes ?

Demandez à l'usurier quelle est sa profession ; il vous répondra sans balancer : Je suis banquier, je fais la banque ; mais comment est-il banquier et fait-il sa profession ?

Il est banquier de la même manière que les pirates sont militaires.

Il fait la banque comme les voleurs de grands chemins font la guerre.

Il y a néanmoins cette différence entre le voleur et l'usurier : le premier commence par vous tuer avant que de prendre ce que vous avez, et l'autre commence par vous enlever ce que vous possédez avant que de vous faire mourir de misère.

Me promenant un jour au Palais-Royal avec un ami, je vis un certain usurier qui venait de descendre de la voiture sur laquelle il montait autrefois par derrière, avant que la fortune de son maître eût passé entre ses mains.

Il avait son chapeau de travers, selon l'usage de ses confrères, et tenait sous son bras une espèce de madame Angot qu'on dit être sa femme. Comme l'air trivial et la rotondité de cette nouvelle Dulcinée encombrait la moitié de l'allée, et qu'elle faisait une moue épouvantable en essayant de faire quelques minauderies, cette singularité attirant les regards de tout le monde, l'ami qui était avec moi me dit : Voyez-vous ce champion qui, avec sa mine de capucin qui rend le dernier soupir, veut affecter l'air militaire ? vous croyez peut-être qu'il menace le ciel et la terre : si vous croyez cela vous vous trompez, c'est votre paillasse, c'est votre chemise qu'il menace, en eussiez-vous cent mille; si vous avez affaire à lui, il vous les enlevera toutes jusqu'à la dernière, même celle que vous avez sur le corps.

Intérieurement satisfait de ce que me disait mon ami sur le compte d'un homme que je connaissais très-bien, je pris à tâche de le faire parler sur le rustre le plus qu'il me serait possible; alors je lui demandai: Quel est *le minimum* et *le maximum* de la marchandise de ce négociant de nouvelle création ? Il me répondit : Son *minimum* est, lorsqu'il a de grandes sûretés, douze pour cent; quant au *maximum*, il n'en connaît pas. Ha, ha, lui dis-je, qu'aurait donc répondu Shakespear, à cet usurier, s'il l'avait prié de chanter son coffre-fort, comme fit l'un de ses confrères, nommé Jean Dacombe, qui, très-modestement, ne prenait que *dix pour cent par an*.

Ce nom de *Jean Dacombe* et l'histoire de dix pour cent, ayant piqué la curiosité de mon interlocuteur, il me pria de la lui raconter ; ce que je fis en ces termes :

En Angleterre, un usurier nommé *Jean Dacombe*, et surnommé *Dix pour Cent*, par rapport au prix constant qu'il mettait à ce qu'il appelait sa marchandise, ayant demandé au poète anglais quelle épitaphe il lui ferait s'il venait à mourir, le poète, indigné de ce qu'un tel homme pouvait penser qu'il était capable de prostituer sa plume pour chanter son odieuse fortune, lui répondit ainsi sans balancer :

« Cy-git un financier puissant,
» Que nous appelons *Dix pour Cent* ;
» Je gagerais cent contre dix
   » Qu'il n'est pas en paradis.
» Lorsque Belzébut arriva
» Pour s'emparer de cette tombe,
» On lui dit : qu'emportez-vous là ?
» Eh ! c'est notre ami Jean Dacombe (1). »

---

(1) Voyez Voltaire, Questions sur l'Encyclopédie, tome I, page 127, in-12.

Je n'eus pas plutôt achevé mon histoire, que mon ami ayant aperçu un certain individu porteur d'un mauvaise mine comme celui dont il a déjà été parlé, me dit, Connaissez-vous cet être-là ? Non, lui répondis-je. Vous êtes donc le seul dans Paris, répliqua-t-il, qui ne le connaissiez pas ; il est appelé par le public *Jean de Nivelle.* — Il a là un plaisant nom ; et à propos de quoi l'a-t-on appelé ainsi ? — On l'a appelé ainsi par allusion à un certain usurier qui était, dans son métier, le plus adroit coquin qui eût existé jusqu'alors ; je vais vous raconter son histoire, elle est vraiment curieuse.

Un jour, un de ses malheureux débiteurs, après avoir cherché à l'attendrir sur son sort, ses plaintes et ses larmes ayant été vaines, croyant obtenir par la voix du sentiment ce qu'il refusait à celle de l'humanité , il chercha à lui prouver que sa conduite étant des plus révoltantes, il attirait sur sa tête l'animadversion publique. L'usurier, sur qui ce langage ne produisait pas plus d'effet que sur le précédent, lui répondit : Hé ! qu'y a-t-il donc là de si révoltant ? Je ne fais avec mon argent que ce que les autres font avec tout autre chose , c'est-à-dire que , si le marchand vend les objets de son commerce , moi je vends l'objet du mien : or, comme il est permis de vendre aussi cher que l'on veut pourvu que l'on fasse bon poids et bonne mesure, je ne vois pas qu'en satisfaisant à ce devoir , auquel (et j'en prends Dieu à témoin) je n'ai garde de manquer, je ne vois pas , dis-je, que je sois plus coupable qu'un autre.

Mais, lui répondit le malheureux dépouillé , *l'argent n'est ni ne peut*

être *marchandise* ; au contraire , il
n'est et ne peut être que *le prix , la
mesure de la marchandise.* — Vous n y
êtes pas, monsieur ; cette erreur est
actuellement aussi loin de nous, grâce
à Jérémy - Bentam , et autres philosophes et économistes profonds , que
la lune l'est du soleil. Je vais vous ex-
pliquer ce sublime systême , qui est
bien de toute autre trempe que ceux
de Newton et de Copernic. J'entre
en matière.

Des philosophes romains qui sans-
doute valaient bien cet imbécille de
philosophe grec , auteur de la secte
péripatéticienne, en peu de mots ont
tranché la question ; ils ont dit :

*Si l'argent achète la marchandise ,
la marchandise achète l'argent.*

A-t-on jamais présenté un principe
plus lumineux, plus laconique, plus......
que celui-là ? il est sans doute si déci-

sif, il résout si bien la grande et interminable question agitée depuis si long-tems, que vraisemblablement vous ne serez pas assez téméraire pour essayer de le combattre. En argumentant donc d'après ce principe bienfaisant, on doit dire que *l'argent étant le prix de la marchandise, la marchandise est le prix de l'argent.*

Le débiteur, qui s'aperçut bien que le prétendu principe ne tendait à autre chose qu'à lui spolier ce qui lui restait de son pécule, crut le détruire en observant avec toute la prudence que doit avoir celui à qui on demande la vie ou la bourse, si votre principe est exact, M. Pierre (c'était le nom de l'usurier) il faut faire disparaître de nos codes le contrat de vente, et ne laisser que le contrat d'échange, dont il faudra encore torturer les règles.

Ici, M. Pierre ayant été pris, et ne

sachant pas trop comment se débarras-
ser, s'empressa de quitter Rome et ses
philosophes, et se transporta en Grèce;
là, se croyant plus fort, il dit :

Au reste, tout cela est affaire de
convention. Un sage et très-sage Grec
a dit : *Il y a deux espèces de règles ,
une qui nivelle la pierre, et l'autre que
la pierre nivelle; la première est de fer
et l'autre de plomb.*

Par cette ingénieuse figure, le philosophe admirable a voulu dire qu'il
y a des cas où il faut respecter le principe, et qu'il en est d'autre où il faut
le violer en tout ou en partie. Ainsi,
en argumentant d'après l'assertion du
philosophe, je dis qu'il y a des cas
où l'on doit considérer l'argent comme
le prix, la mesure des choses; et qu'il
y a d'autres cas où il faut considérer
les choses comme le prix, la mesure
de l'argent.

Le tremblant débiteur répliqua, Je crois, monsieur, pouvoir vous prendre par votre propre raisonnement, en argumentant comme vous avez fait : vous admettez deux choses de nature différentes, qui sont réciproquement mesures l'une de l'autre ; si cela est ainsi, il ne s'ensuit pas de là que six francs en vaillent neuf, puisque neuf francs et six francs sont de même nature : ce qui est incompatible en suivant votre système.

Erreur, monsieur, erreur, répliqua avec emphase l'usurier ; en droit, les fictions sont admises ; dans le rapport de neuf à six, il y a une équation fictive qui présente une certitude par une autre fiction, qui rend mesures les membres du rapport l'un à l'égard de l'autre, d'où il résulte que l'un est le prix et l'autre la marchandise, *et vice versa.*

Hé bien, soit, dit le débiteur im-

patienté ; mais il ne s'en suivra pas de
là que je doive donner, par exemple,
cent cinquante choux pour en avoir
cent, il suffira sans doute que je rende
les cent choux, plus une indemnité
proportionnée à ce que rapportent les
terres à choux ; parce que l'égalité,
suivant le droit d'après lequel vous
voulez vous étayer, la requiert dans
tous les contrats ; car si elle ne se
rencontre pas toujours dans les contrats d'échange et de vente, c'est
parce que les choses qui en sont l'objet n'étant point certaines comme les
choux dont je viens de parler, leur
prix est abandonné à l'opinion des
contractans : au reste, M. Pierre,
quand bien même vos philosophes
grecs et romains seraient tous là, lors
même que toute l'antiquité serait avec
eux, jamais ils ne pourraient me per-
suader que la mesure puisse être la

chose mesurée ; car je crois qu'il est absolument arsurde de prétendre que *si l'aune mesure le drap, le drap mesure l'aune.*

L'usurier voyant tous ses sophismes retorqués , se trouvant forcé jusque dans ses derniers retranchemens , lui répondit en bégayant : En vérité , mon cher monsieur, vous divaguez ; et comment perdez-vous de vue que tout cela est affaire de convention ? Ha ! cela est affaire de convention , répliqua le dé- biteur , franchement parlant, j'avais perdu de vue cette grande considération ; tenez M. Pierre , voilà une table de marbre , mettez la main dessus. — L'y voilà. — Quelle sensation vous fait-elle éprouver ? Et parbleu , répondit M. Pierre , elle me fait éprou- ver celle qu'elle ferait éprouver à tout autre ; elle est si froide qu'elle me gèle. Ha ! ha ! répliqua le rusé débiteur , vous divaguez, mon cher monsieur; ce n'est pas la table de marbre qui est froide, c'est vous qui avez chaud.

L'usurier s'étant trouvé plus embarrassé que jamais, après avoir réfléchi quelques instans, rompit le silence et dit : Cela est vrai; mais, pour s'entendre, on a jugé à propos de dire que le marbre est froid en raison de la chaleur qui nous est naturelle; au reste, monsieur, c'est encore là une affaire de convention; et comme chacun fait ses conventions comme bon lui semble, qu'on est généralement convenu que les métaux précieux se calculeraient grain par grain, scrupule par scrupule; que le tems pour lequel ils sont livrés doit être calculé dans le même rapport, c'est-à-dire à l'heure et à la minute; ne m'étant nullement utile de savoir si le marbre doit être estimé chaud ou froid, et m'étant avantageux d'être payé de ce que vous me devez, tant en capital, intérêts, et les intérêts des intérêts, etc. etc., jusqu'au jour, heure et minute, que nous avons déterminés ; je vous déclare que si vous ne satisfaites pas plutôt que plus tard à la lettre de change que vous m'avez souscrite bien librement et bien volontairement, je vous ferai voir de quel bois je me chauffe. C'est sans doute bien assez que j'aie perdu, par le bavardage inutile que nous venons de faire, au moins un quart pour cent d'escompte, sans encore aggraver ma position en exigeant de moi quelque remise ; car je m'aperçois bien que c'est là où vous en voulez venir. L'usurier, ayant aperçu un de ses fidèles agens, fit une pirouette sur le talon, et fut réparer sans doute, par un escompte lucratif, le tems qu'il avait perdu en parlant économie politique avec son débiteur.

Mon interlocuteur ayant été emporté, comme malgré lui, par la chaleur qu'il avait mise dans son récit, je ne pus m'empêcher de lui dire : Cette histoire m'a fait quelque plaisir ; néanmoins je ne puis vous taire que je ne suis pas entièrement satisfait. Comment donc ? répliqua-t-il.—Parce que, tout en ayant vu exposer des principes certains à côté de faux principes, il me reste encore à savoir quel était ce *Jean de Nivelle* que vous m'avez promis de me faire connaître. Pardon, dit-il, m'y voici.

M. Pierre, voyant qu'il était honni de tout le monde, au lieu de répondre pour se justifier, comme font ses successeurs : *L'argent est marchandise*, répondait toujours, *Si la règle nivelle la pierre, la pierre nivelle la règle*. Ayant fait d'un de ses frères, nommé Jean, un bon élève, lequel, dit la très-curieuse et véritable histoire, fut, en usure, le plus grand homme de son tems. Jean ayant usurpé une très-belle fortune, pour lui donner l'éclat qu'elle n'avait pas naturellement, il alongea son nom de la monosyllabe *de* ; et, comme il mettait aussi en avant la règle d'or en question, de même que Jean Dacombe, dont parle l'auteur anglais, fut appelé *Dix pour Cent*, M. Pierre fut nommé *Pierre de Nivelle*, et son frère, *Jean de Nivelle*. Depuis, on a appelé par excellence *Jean de Nivelle*, les usuriers adroits fripons, et notamment celui que vous venez de voir.

CHAPITRE V.

Exemples en grand des désordres qu'a occasionnés l'Usure.

En lisant l'histoire, depuis les Grecs jusqu'à nous, on voit que les grandes crises ont entraîné avec elles une foule de voleurs qui ont infesté les grands chemins, des flottes de pirates qui ont couvert les mers, et des hordes d'usuriers qui ont jeté la désolation dans les villes et les campagnes. En parlant sur ces trois sortes de brigands, je n'entends cependant pas confondre ces derniers avec les précédens, parce qu'il y a entre eux une grande différence : en ce que les premiers montrent quelque courage en égorgeant à leur corps défendant, et que les autres égorgent avec toute la lâ- cheté possible ; ceux-ci sont donc bien plus coupables que ceux avec qui ils semblent devoir être assimilés : de là une distinction essentielle à faire.

Les souverains ont fait de tous les tems leurs efforts pour extirper du corps social cette espèce d'hommes, leurs efforts ont souvent été vains, parce qu'ils n'ont point employé des moyens assez vigoureux, et parce que des so- phistes de bonne foi leur ont montré la chose d'un côté favorable, sans leur faire voir le revers, qui était infiniment plus défavorable.

Par exemple, Jérémy-Bentam ne serait-il pas bien coupable si, par mauvaise foi, il eût fait son ouvrage in- titulé *Apologie de l'Usure ?* Mais comme c'est un jurisconsulte qui jouit à juste titre d'une bonne réputation, et qui n'ayant point su distinguer la mesure (1) de la chose mesurée (2) est tombé dans des erreurs et des sophismes, il mériterait plutôt les petites-maisons que le blâme.

Suivant ce qui a été déjà observé, Cicéron, qui se connaissait parfaitement en usure, disait, *offic.*, *l. 3* :

« Par-tout l'avidité du gain se masque sous diverses formes, et le mot seul lui suffit, pour colorer un profit qu'elle n'aurait pas fait sous un autre. »

L'usure et toutes les tortuosités qu'elle emploie nous prouvent sans doute que l'orateur romain n'avait point erré lorsqu'il s'exprima comme il vient d'être dit. Le chancelier de

---

(1) L'argent.

(2) Les choses vénales.

l'Hôpital achève le tableau en quatre mots, en parlant des usuriers, il dit :

« On ne pense plus qu'à gagner; la
» passion de l'or ôte tout autre senti-
» ment ». A quoi l'on peut ajouter ce que dit Daguesseau :

« La misère et la nécessité de l'un
» des contractans, n'est point une
» cause de gain et de profit pour
» l'autre. »

Les partisans de la liberté usuraire fondent leurs argumens sur le plus ou le moins de risque que le créancier court en se dessaisissant de son argent. Blakstone, qui se connaît aussi bien qu'eux en économie politique, leur répond on ne peut mieux, il s'exprime ainsi, *t. 3, p. 371* :

« Nous donnons ordinairement le
» nom d'*intérêt* au profit honnête de
» l'argent, et nous désignons le profit
» mal-honnête sous le nom d'*usure*;

» le premier est *nécessaire dans tous*
» *les états civilisés*, ne fut-ce que pour
» bannir l'autre, *qui ne doit jamais*
» *être tolérée* dans aucune société
» *bien réglée.* »

« Nous voyons que l'exorbitance ou la modicité de l'intérêt de l'argent prêté dépendent de deux circonstances : de l'inconvénient de s'en priver pour le présent, et du risque de le perdre entièrement. La loi ne pouvant jamais évaluer cet inconvénient relativement aux prêteurs individuels, il faut donc que le taux de l'intérêt général *se règle sur l'inconvénient général et ordinaire.*

« Il n'est nullement douteux que tout état qui tolère l'usure, marche à grand pas vers sa ruine. »

Voici de quelle manière Guichardin parle sur l'usure qui se pratiquait de son tems en Belgique.

« Jadis les gentilshommes pécunieux

» soulaient employer leurs deniers en
» possession ....., envoyaient et fai-
» saient venir marchandises abondam-
» ment et de tous côtés ......, et en
» ce grand et abondant trafic, on fai-
» sait travailler et gaigner plusieurs
» ouvres de toute qualité : si bien que
» les villes s'emplissaient de tous biens,
» et les villes fournies suffisamment
» de toute sorte de marchandises ,
» voyaient. *augmenter leurs revenus ,*
» *comme aussi était celui des princes.*
» **A** présent, partie de la noblesse ayant
» deniers comptant , *allicher et cor-*
» *rompus* d'un grand et certain profit
» par le moyen *des dépôts usuraires ,*
» donnent leur argent à l'intérêt , ou
» les font donner par autre *à usure* ».

Lors du système , les Hollandais , en
bons calculateurs , envoyaient de l'argent en France. A la faveur du gros
intérêt qui y existait, ils en retiraient

des sommes considérables, que la perte que leur causaient les banque-routes, qu'ils occasionnaient enpartie, ne compensait pas à beaucoup près.

Le marquis de Pombal, ministre de S. M. le roi de Portugal, écrivant au ministre des affaires étrangères d'Angleterre, s'exprima ainsi :

« .... Depuis cinquante ans » vous avez tiré du Portugal plus de » 1500 millions, somme énorme, dont » l'histoire ne dit point qu'aucune na-» tion en ait jamais enrichi aucune » d'une pareille. »

Cette énorme somme extorquée par le gouvernement Anglais le fut en grande partie par l'usure. Voici de quelle manière parle l'auteur du voyage en Portugal (1), t. 2, p. 56.

____

(1) Deux volumes in-octavo, qu'on attribue au duc de Châtelet, qui n'a jamais été en Portugal.

« La différence qui existe entre l'An-
» gleterre et le Portugal, quant à l'in-
» térêt de l'argent, était . . . . . une
» source d'épuisement pour ce dernier
» royaume : cet intérêt n'était que de
» deux et demi pour cent en Angle-
» terre ; il était de dix pour cent en
» Portugal.

» Le crédit que faisait vingt parti-
» culiers anglais *eût été suffisant* pour
» dépouiller le Portugal de ses ri-
» chesses ; 50,000,000 empruntés sur
» la place de Londres, et ensuite né-
» gociés à Lisbonne, faisaient tous les
» ans une somme considérable. Tous
» les dix ans le capital des dettes était
» payé par les intérêts, et cependant
» les dettes restaient toujours. »

L'usure, ou, ce qui est la même
chose, l'intérêt usuraire, retirait donc
au moins tous les dix ans du Portugal
50,000,000, sans compter l'anato-

cisme. Je pense que ces faits sont tellement décisifs, qu'ils ne souffrent pas
la plus petite réplique. Au reste, pour
donner le dernier coup au tableau, et
prouver que non-seulement l'usure détruit toute espèce de morale, mais
encore, par une suite naturelle, ren-
verse tout l'ordre établi dans la société,
je vais emprunter la plume de l'illustre
chancelier Daguesseau ; ce grand
homme parle ainsi :

« Un des principaux intérêts de tout
» empire, et celui qui a été l'objet de l'at-
» tention des plus sages législateurs, est
» qu'il n'y ait point de citoyens *oisifs* et
» *inutiles à leur patrie*, que la fortune et
» le bien soient *le prix du travail*.....;
» c'est ce qui *soutient et perfectionne*
» *l'agriculture*, c'est ce qui *fait fleurir*
» *les arts* , c'est ce qui *nourrit et aug-*
» *mente le commerce* , sources natu-
» relles des richesses et de la véritable

» abondance.....Quand ces premiers
» principes s'éteignent entièrement
» dans un état, et que l'intérêt par-
» ticulier y étouffe la noblesse des
» sentimens et tout amour du bien
» public, il n'y a personne qui ne doive
» craindre qu'un tel état ne soit me-
» nacé de sa ruine.........Dans des
» circonstances (semblables) nous
» verrons en France deux excès op-
» posés se tenir, pour ainsi dire, par
» la main : l'excès de la misère dans
» les maisons sages et vertueuses :
» *l'excès du luxe dans celles des usu-*
» *riers, des agioteurs, des banquerou-*
» *tiers, de nos domestiques et de nos*
» *laquais même.* Or, le plus grand mal
» qui puisse arriver dans un état, est
» que ces deux excès marchent d'un
» pas égal......On dirait que c'est
» pour ce tems-ci qu'avait été écrites
» ces paroles qui sont dans le recueil

» des choses mémorables avenues en
» France sous les règnes de Henri II,
» François II, Charles IX, Henri III
» et Henri IV :

« En peu de tems on vit en France
» les marauds devenir grands sei-
» gneurs, et les riches se faire bé-
» lîtres. »

Ne pourrions-nous pas dire à notre tour ce que dit le chancelier : Il semble que ce soit pour ce tems-ci qu'ont été écrites ces paroles ?

CHAPITRE VI.

De l'Usure par rapport à l'Escompte.

En 1769, le sieur *Marceau* vendit au sieur *Montmien* pour 300,000 liv. de bois, à livrer dans trois ou quatre ans ; le sieur *Montmien* souscrivit des billets pour la valeur de cette somme, payables à différentes époques et dans l'espace de cinq à six ans ; à moins d'un an, le sieur *Marceau* mit pour plus de 200,000 de ces billets sur la place ; il en présenta pour 62,000 liv. au sieur *Thierce*, qui, vu la longueur de l'échéance, prit 7 pour 100 d'escompte ; 6 pour 100 suivant le cours, et 1 pour 100 de commission.

Après quelques événemens dont il

est inutile de parler, le sieur *Marceau* attaqua le sieur *Thierce* comme usurier. Ce premier fut décrété d'ajournement personnel. Le procureur-général de Dijon obtint un arrêt qui annulla le décret. La cause fut plaidée à Dijon pendant quinze audiences. La question fut traitée dans deux mémoires de M. Regnaud, procureur au parlement de Paris. Le premier de ces deux mémoires fut suivi de sept consultations prises séparément de MM. Gervais, Legouvé, Viel, Tronchet, Aubry, d'Outremont, Moussu, et Boucher d'Argis, avocats au parlement de Paris.

On établit dans ces consultations et dans les deux mémoires que le sieur *Thierce* a pu prendre 6 pour 100 sans s'exposer à être poursuivi criminellement, et qu'il n'y avait point là d'*usure*. On détermina la signification de ce mot; on chercha à faire voir que l'*u-sure ne consiste pas à tirer un profit , même excessif de l'argent , mais à tirer ce profit sans courir aucun risque ;* que les profits du commerce, qui vont quelquefois au-delà de 100 pour 100 , *ne sont pas usuraires ;* que l'escompte n'est qu'une compensation de valeur dans l'effet escompté , parce que cet effet, pour le propriétaire qui a besoin d'argent, est censé valoir moins pour lui de tout ce qu'il faut pour le convertir en argent. Dans ces mémoires et consultations on rendit compte des ordonnances de nos rois touchant l'usure, et on chercha à faire voir, ou pour mieux dire *on fit voir clairement , qu'elles ne s'appliquaient pas à l'espèce.* Les raisons qui furent données acquirent d'autant plus de solidité, qu'il fut prouvé, par des certificats délivrés par des agens de change, que le cours de l'escompte sur la place était de 7 pour 100, et que d'ailleurs le sieur *Thierce* courait de plus grands risques qu'on n'en court ordinairement dans les effets à courts termes.

De ces différens moyens, on conclut que la procédure criminelle contre le sieur *Thierce* était injuste et vexatoire.

Arrêt du 13 août 1779, qui cassa, révoqua, et annulla les permissions d'informer, ainsi que les informations, décrets, et autres procédures exercées contre le sieur *Thierce*.

Quoique l'escompte ne soit censé être que la déduction de l'intérêt englobé avec le capital, et que conséquemment il semble que judicieusement on ne doive exiger d'autre déduction sur un effet de commerce que l'intérêt qu'il comporte dans l'usage fondé en raison, il en est cependant différemment ; plusieurs raisons ont provoqué cet ordre de chose. En effet,

Lorsque l'on prend un billet en paiement, on ne se décide à prendre un pareil effet que parce que l'on ne peut obtenir de l'argent comptant ; ce qui suppose une rareté réelle ou relative de l'espèce ; de là vient une grande quantité de papier, eu égard à l'argent monnoyé : or, comme il suit de cette considération que l'argent est toujours ou presque toujours demandé, pendant que le papier est toujours ou presque toujours offert, le prix que l'on attache à l'argent, et l'avilissement dans lequel se trouve le papier, font que l'escompte prend assez rarement sa mesure sur l'intérêt, quoique cette mesure soit des plus naturelles. Une autre raison, non moins déterminante, conseille cet ordre : beaucoup de papier de ville qui circulent sur la place, se trouvant ce que l'on appelle dans le langage mercantille des billets de plaisir, et conséquemment des effets qui certifient au moins une espèce de détresse, de là un autre inconvénient qui éloigne l'escompte de sa mesure naturelle; il est inutile, je pense, d'observer que les meilleures maisons donnant le ton, elles devraient être exemptes de la loi commune, parce que souvent telle maison qui est en apparence la première, est dans le fait la dernière.

De ce développement suivent ces considérations.

L'intérêt peut être limité sans inconvénient, et il y en aurait à limiter l'escompte.

L'intérêt est la base de l'escompte, et non l'escompte celle de l'intérêt.

L'intérêt, étant un principe, doit

rester invariable ; pendant que l'escompte, qui en est la conséquence ,
doit varier au gré des contractans.

Les consultans ayant assuré que ,
par rapport au commerce, il n'y a
point d'usure lors même que l'on prend
un profit excessif de son argent, puisqu'il n'y en a pas lors même que le
négociant gagne cent pour cent ; ayant
donné ces attestations, si leur doctrine
pouvait être admise, il en résulterait
que le prêteur, venant à prendre cent
pour cent, ne laisserait à l'emprunteur
que les risques de sa spéculation. Ho !
dira-t-on, la concurrence qui sera là
ne pourra-t-elle pas diminuer les prétentions du prêteur ? Non, non, la
concurrence n'y apportera aucune diminution.

Le Français, quoi qu'en disent ses
ennemis , a encore des vertus, et plus
que certaines personnes n'affectent de

le croire ; de sorte qu'il n'y a , à proprement parler, qu'une poignée d'usuriers en comparaison de la masse des
citoyens; cette poignée de monopoleurs
se coalisant , par une convention non
orale , mais d'intérêt , qu'arrive-t-il ?
Il arrive qu'ils mettent leur argent dans
leur coffre-fort , font peu d'affaire , et
celui qu'ils roulent sur la place , ils
lui font rapporter l'usure qu'ils pensent
devoir rapporter , plus celle de celui
qui est resté oisif en attendant un très-
lucratif placement.

Ainsi , d'après les notions que je
viens de présenter , je crois être autorisé à dire que l'arrêt du 13 août
1779 a été dicté plutôt en faveur des
circonstances particulières de la cause,
qu'en faveur des prétendus principes
qui furent présentés.

CHAPITRE VII.

Grands principes qui s'opposent à la pratique de l'Usure.

DE tous les tems, et plus dans celui-ci que jamais, les publicistes et les économistes ont réclamé la liberté du commerce ; cette réclamation est fondée en raison : car, comme dit fort bien Montesquieu, *liv. 21, ch. 5* :

« Le commerce, tantôt détruit par
» les conquérans, tantôt gêné par les
» monarques, parcourt la terre, fuit
» d'où il est opprimé, se repose où on
» le laise respirer ; il règne aujourd'hui
» où l'on ne voyait que des déserts,
» des mers et des rochers ; là où il ré-
» gnait, il n'y a que des déserts. »

Mais comme la liberté qui doit être accordée au commerce doit avoir ses bornes, le même auteur, sous ce rapport, s'exprime ainsi, liv. 20, ch. 11 :

« La liberté du commerce n'est pas
» une faculté accordée aux négocians
» de faire ce qu'ils veulent, ce serait
» bien plutôt sa servitude ; ce qui gêne
» le commerçant ne gêne pas pour
» cela le commerce : c'est dans le pays
» de liberté que le négociant trouve
» des contradictions sans nombre ; et
» il n'est jamais moins croisé par les
» lois que dans les pays de servitude.

» L'Angleterre défend de faire sortir
» ses laines ; elle veut que le charbon
» soit transporté par mer dans sa ca-
» pitale ; elle ne permet point la sortie
» de ses chevaux s'ils ne sont coupés ;
» les vaisseaux de ses colonies qui
» commercent en Europe doivent
» mouiller en Angleterre ; *elle gêne le*

» *négociant, mais c'est en faveur du*
» *commerce.* »

Jusqu'ici ne voilà que des assertions ; je vais examiner si elles sont
fondées en raison.

Dans les constitutions de Barcelonne
et dans Capmany, je trouve que Dom
Jaymes, en 1227 (1), pour former,
par tous les moyens possibles, une
marine puissante, voulut qu'il n'y eût
que les Barcelonais qui pussent char-
ger en leur port des marchandises pour
la Syrie, Alexandrie et Ceuta, sur leurs
propres navires, conduits par eux ; et
il interdit cette faculté aux étrangers. Cette résolution ayant produit
l'effet que le monarque en attendait,
en 1230, ce privilège fut étendu jusqu'aux voisins de Barcelonne, pour

____

(1) Collection diplomatique, nº 14, p. 11.

le commerce des îles Majorque et d'Ivica.

Comme il ne suffisait point de créer des institutions utiles pour favoriser le commerce, et qu'il fallait détruire celles qui pouvaient lui être nuisibles, en 1255, Don Jayme expulsa de Barcelonne les Lombards, les Florentins et les Lucquois, c'est-à-dire il expulsa *les usuriers* (1).

Pour perfectionner l'acte de navigation, en 1268, il fut ordonné par cédule royale (2), qu'aucun étranger ne tiendrait industrie, ni ne fréterait aucune marchandise, qui ne serait point sa propriété sur un navire qui ne serait point de Barcelonne.

Voilà le premier acte de navigation qui a servi de modèle à celui des

____

(1) Collection diplomatique, n° 12, p. 55.
(2) Idem, n° 15, p. 54.

Anglais , lequel est aujourd'hui leur palladium ; et si cette acte a gêné singulièrement le négociant , il faut avouer qu'il a singulièrement favorisé le commerce ; conséquemment les avantages qui en sont résultés l'emportent sur les inconvéniens.

Lamothe le Vayer , dans ses œuvres, *tome 1 , page 283* , nous dit que Philippe II (roi en 1556) fit transporter , à la faveur de son mariage avec la reine d'Angleterre Marie , dix mille moutons en Espagne , qui y ont été si utilement employés , que le commerce des laines semble être passé depuis ce tems - là d'un lieu à l'autre. Boseobre (1) prétend au contraire que

______

(1) Boseobre , tome 1 , p. 106 , *n. q.* , dit que du tems de Virgile (*Georgicon* , *liber III* , *carmen* 105) il fallait , pour avoir de bonnes laines , les prendre en Italie. Pierre IV (Pierre-le-Cruel , en 1350) roi de Castille , fut le premier qui songea à perfectionner

ce sont les Espagnols qui les premiers ont fourni les Anglais de brebis; quoi qu'il en soit, si l'état qui a donné de ses brebis à l'autre n'en avait pas permis l'exportation, l'autre ne serait pas aujourd'hui son rival dans une grande branche d'agriculture et de commerce. Voilà sans doute une des anecdotes qui prouvent la justesse de la maxime de Montesquieu.

Le roi Georges a été appelé par ironie *fabricant de boutons*, parce qu'ils n'est pas permis en Angleterre de porter sur son habit un bouton de

---

les bergeries de son pays : il fit acheter en Afrique un troupeau de mouton. Le cardinal Ximenès en fit autant 200 ans après. *N. R.*

Edouard IV (roi d'Angleterre en 1461) négocia auprès du roi de Castille, par l'entremise de Marguerite de Bourgogne, et obtint d'acheter 3,000 brebis en Espagne ; son projet réussit moyennant une commission qui subsiste encore aujourd'hui. *Boseotre.*

la même étoffe que le drap sur lequel
il est apposé. Mais si on réfléchit que
les grandes fabriques de boutons en-
tretiennent une grande quantité d'ou-
vriers, et qu'elles contribuent à diviser
les capitaux et à les faire circuler dans
le commerce, on conviendra que le
réglement qui l'ordonne ainsi à un but
qui n'est pas sans utilité : car, dans
tout état bien civilisé, il faut que le
législateur, par de sages réglemens,
mette en activité autant de bras qu'il
lui est possible, et que pour cet effet
il prévienne avec rigueur tout accaparement de choses qui sont de première nécessité pour l'homme : telles
sont, par exemple, des pièces monnayées et le grain ; aussi le chancelier
Daguesseau dit-il :
« Il y a des lois dans le commerce
» qui ont prévenu, au moins en grande
» partie, l'abus que la cupidité hu-

» maine sait faire de l'union des qua-
» lité de vendeur et d'acheteur ; et
» c'est sans doute une de ces raisons
» qui ont porté le grand-chancelier
» de l'Hôpital, auteur de l'ordonnance
» de police de l'année 1567 (une des
» plus saintes lois qui aient jamais été
» faites) à défendre aux marchands
» de bled et des autres marchandises
» nécessaires à la vie, d'en acheter
» dans les lieux où ils en vendent, ni
» même dans la distance de huit lieues
» pour ce qui regarde les marchands
» de Paris, et dans celle de deux lieues
» pour les marchands des autres villes.»

On appelle accaparement le grand amas et la réserve des choses qui sont de première nécessité pour la vie ; et on appelle monopoleur celui qui, s'é-tant rendu maître des choses de même nature que les précédentes, force tous ceux qui peuvent en avoir besoin de passer par ses mains et de suivre les lois dures qu'il leur dicte.

Si l'accaparement et le monopole des grains présentent un caractère odieux, l'accaparement et le monopole de l'argent présentent quelque chose de plus odieux encore ; en effet, l'argent, étant le signe, le moyen d'acquérir tout ce qui est vénal, est la base sur laquelle reposent toutes les transactions, cette base détruite ou fortement sapée, il en résulte mille désordres dans l'économie publique. Lorsqu'une personne veut se livrer à l'usure, que fait-elle ? Si elle a des propriétés, elle les vend. On sait que beaucoup de riches propriétaires ont vendu leurs possessions pour faire cet odieux métier, ensuite, lorsqu'ils voyent un tems favorable, ils empruntent à tous ceux qu'ils peuvent ; alors les emprunts se multiplient tellement qu'un moment favorable faisant succéder un tems défavorable, ils placent l'argent qu'ils ont accaparé au taux qu'il leur plaît. Je crois qu'un pareil individu est bien à-la-fois *accapareur*, *monopoleur et usurier*.

L'usurier dit, pour justifier sa détestable profession : Autrefois je vivais avec 3,000 francs; tout est doublé : il faut donc pour que je vive, que je double mon revenu, et pour cela il faut que je fasse l'usure.

Ce raisonnement étant aussi fait par l'ouvrier, l'artiste, le manouvrier, l'usurier finit par être au pair de ceux sur qui il voulait faire peser tout le poids des circonstances; alors, amendant son calcul, pour alléger le fardeau aux dépens des autres, qui eux-mêmes suivent de loin la même marche, les choses se trouvent portées au-delà de tout ce qu'on peut imaginer. Mais comme les états voisins ne raisonnent ou ne permettent pas qu'on raisonne ainsi , coupant le mal à la racine , ils défendent l'usure. Pendant ce tems-là l'agriculture se détruit, nos fabriques tombent et l'industrie s'anéantit. Usuriers, voilà votre ouvrage !

Les principes économiques , les principes du droit public , s'opposent également à la pratique de l'usure.

Les principes économiques s'y opposent d'abord , parce que l'argent étant la mesure des choses vénales , il ne peut être mesuré ni par lui-même ni par autre chose. Ce principe répond à cette question : L'argent est-il marchandise ?

Je dis qu'il ne peut être mesuré par lui-même, parce qu'il serait absurde de mesurer une toise fixe sur une toise fixe. Il serait encore plus absurde de prétendre que la mesure de 9 pieds est une toise de 6 pieds. Si une pareille prétention pouvait se soutenir, à combien d'incertitude tous les calculs de l'agriculture, du commerce, et des finances ne seraient-ils point exposés ? alors rien de certain, parce que toutes les idées seraient confondues.

Je dis que l'argent ne peut être mesuré par autre chose, parce qu'il serait absurde, par exemple, de vouloir mesurer une aune par une pièce de drap.

Cependant tous ces grands principes disparaissent, comme par un art magique, sous la plume du calculateur usurier. Il prête 6 francs, et veut qu'on lui en rende 9, et la transaction qui résulte de son calcul, il l'appelle vente : car, dit-il, l'argent est marchandise, et je le fais payer non-seulement en raison de sa rareté réelle, mais encore en raison de sa rareté fictive, que moi et mes confrères avons su faire naître. D'après cette maxime, il résulte cette autre confusion d'idée : on ne peut plus dire que l'argent a augmenté ou baissé de valeur, ni que les marchandises ont aussi baissé ou augmenté de valeur, puisqu'il n'existe plus de point de comparaison fixe.

Je m'attends bien que l'usurier, qui ambitionne de combler son coffre-fort aux dépens de la chose publique, ne manquera point de répliquer : Si un écu ne doit donner qu'un écu, pourquoi donc les lois accordent-elles six pour cent par an ? la mesure ne devient-elle pas dans cette circonstance la chose mesurée ?

Ma réponse est toute prête :

Les biens territoriaux donnent au plus, et bien au plus, quatre pour cent, l'an net. La terre donne ses fruits annuellement ; partant de cette base, je

(110)

dis que si le capitaliste achète avec son argent un fond de terre, il en retirera tous les ans quatre pour cent net (1) ; si au lieu d'employer son argent en fonds de terre il le place dans le commerce, ce placement ne doit point être pour lui un moyen d'acquérir, mais un moyen d'indemnité ; aussi les jurisconsultes appellent-ils *fruits civils* les intérêts, par allusion aux *fruits naturels.*

Mais, dira-t-on, la nature ne pouvant faire banqueroute au propriétaire, et le négociant pouvant lui enlever son argent, le risque que court le prêteur ne mérite-t-il pas quelque considération ?

Lorsque je dis que les terres rap-

---

(1) J'exagère ce revenu pour donner de plus fortes armes aux usuriers.

portent quatre pour cent net, j'évalue
ce rapport fort haut ; le prêteur d'argent est à l'abri des grêle, des mauvaises récoltes, des paiemens des impositions, des soins et des peines de
l'agriculture ; le prix d'un pour cent
qu'il reçoit, la faculté de pouvoir réaliser ses capitaux presqu'au moment
qu'il le desire, compensent bien avec
avantage l'inconvénient. D'ailleurs, si
on permettait à toute personne de
prêter au taux qui lui plairait, tout
le monde voudrait être usurier, et
personne ne voudrait être agriculteur.

Les principes du droit public s'opposent aussi à la pratique de l'usure,
parce que l'usurier porte une main
sacrilège sur la tête de son souverain,
pour lui arracher un des plus beaux
fleurons de sa couronne ; je vais le
prouver d'une manière bien évidente.

Le droit de fabriquer les monnaies,

et celui de leur assigner un numéraire, étant une des principales prérogatives du souverain, nul n'a le droit d'y porter la plus légère atteinte.

Les anciens souverains , peu instruits dans la science monétaire, faisaient de fréquentes mutations dans les monnaies, qui occasionnaient presque autant de désordres qu'en occasionne aujourd'hui l'usure ; aussi, par rapport à cette raison, le règne de Philippe-le-Bel fut-il cruellement agité. Depuis, les philosophes et les économistes ayant répandu de grandes lumières sur le gage des valeurs, les souverains ont renoncé à ce cruel stratagême ; car, comme dit fort bien Don Diégo de Saavedera :

« Les monnaies sont les prunelles » des yeux de la république , et on les » blesse dès qu'on y porte la main (1).»

____

(1) Ustarits thé. deux. part., p. 167, ch. 104.

(113)

Les mutations monétaires s'opèrent
de deux manières : 1°. en augmentant
la collection d'unités qui est attachée
à l'espèce monnayée, collection qui en
est véritablement le nombre, le numéraire, et en diminuant ce même
nombre ;

2°. En augmentant ou en diminuant
intrinséquement la matière que comporte l'espèce. Je ne m'occuperai que
de la première mutation, comme étant
directe à mon objet.

En langage monétaire, la mutation
qui s'opère dans le nombre, le numéraire, est appelée augmentation ou
diminution, suivant l'opération qui a
été faite.

Pour rendre ce langage sensible,
je vais présenter des hypothèses.

Si, par exemple, l'empereur ordonnait que l'écu de cinq francs en vaudrait six, alors le numéraire de cette

10

pièce serait augmenté ; si , au contraire , il ordonnait qu'il ne vaudrait
plus que quatre francs , son numéraire
serait baissé. Dans la première hypothèse, il résulterait que, par rapport
à cinq francs que l'on devrait, en donnant un écu appelé lors du prêt cinq
francs , et depuis six , le créancier devrait rendre au débiteur *un franc* ;
dans ce cas , tout enchérissant à proportion , le créancier se trouverait
grevé ; c'est l'opposé par rapport à la
baisse.

Lorsque l'usurier donne cinq francs
pour un an (1), à condition que l'emprunteur lui rendra cinq francs , plus
le quart de cette somme , n'augmente-
t-il pas la valeur numéraire de sa pièce,

---

(1) Il ne prête au plus que pour trois mois , pour
jouir de l'usure de l'usure.

puisque, par rapport à l'*as* au nombre
cent, il fait signifier à cent, cent
vingt-cinq ? Quelle différence y a-t-il
donc alors entre l'augmentation numéraire que faisait autrefois le souverain, et qu'il a encore le droit de
faire, droit dont il n'use pas, et celle
faite par l'usurier ? La voici cette différence ; elle se divise en cinq points.

1°. Le souverain augmentait le numéraire de sa monnaie d'une manière
uniforme et pour un certain tems ;
alors il y avait quelque certitude dans
le signe monétaire.

L'usurier augmente le numéraire de
sa monnaie d'une manière difforme
pour au plus trois mois ; alors il n'y
a plus de certitude dans le signe monétaire.

2°. Le souverain posait une limite à
l'augmentation de son numéraire ;

L'usurier n'en pose pas : il n'en connaît d'autre que celle qui résulte de son monopole.

3°. Le souverain cédait aux circonstances ;

L'usurier cède à sa cupidité.

4°. Le souverain augmentait son numéraire par une loi à laquelle il se soumettait ;

L'usurier augmente le sien par un arbitraire auquel il ne se soumet pas.

5°. Les impositions restant les mêmes, le souverain, au bout d'un certain tems, recevait moins ;

Le numéraire étant le même, l'usurier, au bout d'un certain tems, reçoit plus.

On a regardé de tous les tems comme une chose très-méthaphysique la partie des monnaies. L'usurier, sans être métaphysicien, sans même souvent savoir lire et écrire, établit un systême, dont Newton et Copernic n'eussent pas

voulus sans doute se dire les auteurs;
tant il est vrai que la soif de l'or donne
un certain esprit aux plus ignorans.

Mais, dira-t-on, y a-t-il réellement
augmentation de numéraire dans un
excédent d'intérêt légitime, la somme
devant être rendue à une époque éloignée ? Oui, il y a augmentation de numéraire, puisqu'à raison de cette
époque éloignée, le débiteur donne
cinq pour cent; et que ce qu'il donne
pour le surplus augmente la valeur de
la monnaie de la même manière qu'il
l'augmenterait s'il comptait le capital
et l'usure au moment qu'il reçoit le
capital; et comme il n'y a qu'un ex-
trême besoin qui puisse faire souscrire
à un engagement aussi onéreux, il n'en
devient que plus odieux.

Je viens sans doute de démontrer
évidemment que l'usurier augmente ce
qu'il appelle sa marchandise arbitrai-

rement, en nuisant à la société, et en blessant le prince. Voyons, sous ce rapport, quelles sont les lois qui lui sont applicables.

Boizard, auteur monétaire, range le crime sur lequel j'écris dans la classe du billonnage; voici de quelle manière il s'exprime, page 370, chapitre 5:

« On appelle *billonneur* celui qui » profite *induement sur les espèces* au » préjudice des ordonnances. Billonner » est un *crime capital* qui peut être » commis de plusieurs manières, ainsi » qu'elles ont été marquées dans les » ordonnances des années 1559, 1574, » 1577, 1578 et 1620, et dans l'arrêt » de la cour du 13 juin 1600. »

L'auteur, après avoir déduit plusieurs manières de faire le billonnage, s'exprime ainsi sur celui qui nous occupe :

« On est billonneur quand on ne
» veut recevoir les espèces qu'au prix
» de l'ordonnance, et qu'on ne les
» veut exposer qu'au prix qu'elles ont
» par le sur-haussement du peuple. »

Cette dernière manière *de billonnage*
est parfaitement bien applicable aux
usuriers ; si vous leur devez 9, et que
vous leur offriez 6 pour vous libérer,
ils refuseront votre paiement. Si vous
leur empruntez 6, ils ne vous prêteront
pas si vous ne vous engagez à leur
payer 9.

La loi du 29 ventose an 14, époque
à laquelle on s'était singulièrement ra-
douci sur la sévérité des peines, porte,
article 2 :

« Ceux qui refuseront de recevoir
» en paiement les monnaies métalliques
» frappées au coin de la république,
» *pour les valeurs dont elles portent*
» *l'empreinte*, seront punis, pour la pre-

» mière fois, d'une amende décuple
» de la somme refusée ; pour la se-
» conde fois, d'une amende centuple ;
» et pour la troisième fois, de deux
» années de détention. »

Cependant, comme l'usure est un
crime qualifié, et que les lois ne sont
nullement équivoques à cet égard,
qu'elles n'ont point tombé, ni ne peuvent tomber en désuétude, comme le
prouvent tous les principes que j'ai
déduis, et que je déduirai, il faut
donc appliquer aux usuriers les lois
qui ont été faites pour eux, quoique
dans le fait ils soient à-la-fois, usuriers,
accapareurs, monopoleurs et billon-
neurs.

Au reste, comme je desire ne pas
convaincre à demi, je vais ajouter
quelques paragraphes à ce chapitre ;
quoiqu'ils ne soient pas tout-à-fait à
leur place, ils n'en seront pas moins
intéressans.

Locke, dans ses *Considérations monétaires*, veut que le taux de l'intérêt
ne soit pas déterminé par des lois particulières, et qu'il soit conséquemment
abandonné à l'arbitraire des contractans.

Par le Manifeste qui fut fait en
Piémont, par le sénat, le 24 avril 1767,
la doctrine de l'économiste fut légali-
sée ; mais par les Constitutions géné-
rales d'Emmanuel, de 1770, il fut dit,
liv. 3, tit. 16, chap. 2, art. 24 :

« Le consulat pourra adjuger *l'in-
» térêt en faveur des marchands*......
» pourvu qu'il n'excède pas *six pour
» cent*...... et que...... cette règle
» ne comprenne pas l'intérêt *du change
» et rechange* ; mais s'il s'agit de prêts
» faits par des négocians à ceux qui
» ne le sont pas, comme aussi de toute
» autre créance, ils ne pourront exiger
» que *l'intérêt ordinaire* ; ce qui aura

» également lieu entre négocians, lors-
» que les créances proviendront *de*
» *causes particulières et indépendantes*
» du commerce. »

Cette constitution reconnaît donc implicitement un intérêt conventionnel en faveur seulement des marchands , et non en faveur de toute autre personne.

Pour bien connaître l'esprit de cette constitution, il sera nécessaire de dire un mot sur les localités, et sur le souverain qui l'a dictée , afin de prouver que si elle convenait parfaitement bien aux états de la maison de Sardaigne , elle ne peut convenir à aucun autre état , notamment à la France.

Le ci - devant comte d'Argenson , dans ses *Intérêts de la France avec ses voisins* , dit, en parlant sur les états d'Emmanuel :

« Cette monarchie est de la propor-

» tion qu'il faut pour être bien gou-
» vernée ; aussi le roi *Victor* l'avait-il
» autant bien réglée que le peut être
» une république ; de son tems c'était
» pour ainsi dire un état tiré au cor-
» deau, on y pourvoyait à tout ; il en a
» rédigé toutes les lois dans un seul
» code ; les finances et l'administration
» militaire même, tout s'y ressentait
» de la propreté qu'on voit dans les
» petits ménages ; les grandes mo-
» narchies, pour se relever de l'indo-
» lence qu'entraîne leur grandeur, y
» auraient pu prendre des leçons utiles
» et applicables à chacune de leurs
» provinces. »

Groslay, *Observations sur l'Italie*, tome 1, *page 73 et suiv.*, en parlant de Charles Emmanuel, s'exprime ainsi :

« Toutes les puissances de l'Europe
» ont alternativement senti ce que
» peut le génie du roi dans le cabinet

» et dans les combats ; ce prince règle
» lui-même la dépense de sa maison,
» influe directement dans les plus pe-
» tites parties du gouvernement ; au-
» eun *détail* politique ou *économique*
» ne lui est étranger.

» . . . . Les commerçans qui se
» plaignent qu'on les sacrifie . . . .
» n'ont de ressources, pour faire ou
» pour soutenir leurs maisons, que la
» frugalité et l'économie. »

Lorsque les constitutions de Sardaigne parurent, le Piémont et la
Savoie n'étaient presque qu'agricoles,
leurs productions consistaient en grain,
soie, bestiaux, etc. ; le commerce,
proprement dit, et les manufactures
n'étaient presque rien en comparaison
de l'agriculture. La noblesse, suivant
Groslay, y était très-pauvre, et suivant Busching, elle vivait dans un état
d'oppression ; l'argent y devait être

rare sans doute, car Busching observe qu'il était défendu d'en placer dans l'étranger, soit en rente, soit en biens fonds.

En résumant ces assertions, on voit évidemment que les états du roi de Sardaigne, en 1770, étaient infiniment plus agricoles que commerçans; qu'il n'y avait pas beaucoup d'argent en circulation; qu'indubitablement, contre ce qui se pratique en France, les possesseurs de capitaux préféraient prêter plutôt aux propriétaires qu'aux négocians, et que, pour que ceux-ci trouvassent à emprunter, pour faire aussi bien que possible leur commerce, il fallait leur permettre de stipuler l'intérêt de l'argent à volonté; conséquemment, les constitutions de 1770 ne doivent donc pas franchir les lieux pour lesquels elles ont été établies.

Car, si Voltaire a dit (1), en parlant
en faveur du luxe :

« Sachez sur-tout que le luxe en-
» richit un grand état, s'il en perd un
» petit. »

On peut dire, avec non moins de
vérité :

« Sachez sur-tout que ce qui peut
» enrichir un petit état, peut en ap-
» pauvrir un grand. »

---

(1) Défense du Mondain.

CHAPITRE VIII.

Des ravages qu'occasionne l'Usure.

JE vais exposer à mes lecteurs la chaîne des ravages qui résultent de l'usure, et dont le premier anneau est tenu par la main de l'usurier ; je vais dérouler à ses yeux le tableau effrayant des maux incalculables qui en résultent ; enfin, je vais prouver quels sont les désordres que l'usure jette dans l'agriculture, l'industrie, le commerce, les finances et la justice ; tout cela étant senti douloureusement par ceux qui en sont les victimes, ils me sauront gré sans doute de ce que je me suis élevé contre des pratiques aussi détestables, et qui entraînent avec elles une foule de calamités.

Désordres dans l'agriculture. La plupart des propriétaires, vendant leurs biens fonds pour faire valoir leur argent à usure, la concurrence diminuant leur valeur naturelle, ils tombent dans l'avilissement; ceux au contraire qui sont assez sages pour conserver leurs propriétés, étant obligés d'emprunter pour faire leurs exploitations, leur terre ne leur rapportant que trois à quatre pour cent, empruntant à douze, quinze, etc. etc., ils sont obligés ou de se ruiner entièrement, ou de discontinuer leurs exploitations; c'est sur-tout sur les propriétaires des vignobles du midi que pèse singulièrement cette calamité; des lettres de cette partie de la France annoncent qu'ils seront forcés de laisser périr sur pieds une grande partie de leur abondante récolte. Hé comment pourraient-ils la recueillir, s'ils sont obligés, pour faire leurs vendanges, d'emprunter de l'argent dont le prix sera plus élevé que celui qu'ils en retireront ? A Bordeaux, la plupart des propriétaires sont dans l'intention de ne point faire cultiver leur terre l'année prochaine. Si tout cela est exact, combien y aura-t-il de malheureux réduits à la plus affreuse misère.

Trone et Mirabeau nous disent qu'il y a en France, en vigne, un million six cent mille arpens.

L'auteur du *Crédit national* dix-huit millions six cent mille arpens.

Boseobre, un million six cent mille arpens.

Arthur Young, quatre millions neuf cents douze mille neuf cent quatre-vingts arpens.

Boseobre dit qu'un champ de bled d'une lieue quarrée de France, occupe et entretient 1390 personnes, et une vigne de même étendue, 2640. D'après cet exposé, que l'on juge combien il y aura de malheureux manouvriers réduits à l'aumône, si cette culture est suspendue en partie, ou bien si elle n'est pas faite avec quelque activité.

On observera sans doute que les propriétaires des vignobles du midi ne souffrent que parce que l'abondance des vins est grande, et qu'il n'y a point d'exportation. Il faut convenir que ce sont là de grands obstacles à leur prospérité; mais les plus grands obstacles, non à leur prospérité, mais à leur soutien, sont ceux qu'enfante l'usure. J'ai déjà démontré que l'usurier augmente sa marchandise en raison, dit-il, des circonstances; tout ce qui est vénal tendant à atteindre ce prix, tout augmente, et les ouvriers, pour atteindre cette augmentation, étant forcés d'augmenter leur journée, le propriétaire alors se trouve grevé de ce qui suit :

Il paie l'usurier fort cher ;

Il paie de même tout ce qui est utile à son exploitation ;

Il paie encore de même tous les cultivateurs qui lui sont nécessaires ;

Etant obligé, dans ce désordre, de renvoyer beaucoup de personnes qui, tombant dans la misère, ne consomment absolument que ce qui leur est indispensablement nécessaire, quoique le vin soit à très-bon marché, faute d'être consommé dans l'intérieur, comme il devrait l'être, il devient presque nul entre les mains du propriétaire.

Désordres par rapport à l'industrie.

L'industrie est activée par l'exportation et par la consommation intérieure. Deux genres d'industrie sont mis en action dans la société : celui qui est destiné à satisfaire les besoins réels, et celui qui est destiné à satis-faire les besoins d'opinion qui, pour la plupart, veulent être satisfaits comme les précédens. Admettons qu'aucune exportation ne puisse se faire, quoique les neutres pourraient bien nous servir en employant certains moyens dont il est inutile de parler, et que nous soyions réduits à la consommation intérieure : comme il faut, à quelque prix que ce soit, que les besoins soient satisfaits, si l'usure permettait de respirer un seul instant, on verrait dans notre vaste état une très-grande activité dans les travaux ; mais lorsque le fabricant veut activer sa fabrique, s'il est obligé d'emprunter l'argent à un prix ex-horbitant, et payer ensuite ses ou-vriers à un prix très-élevé en raison de cet inconvénient, la somme des dé-penses surpassant celle des rentrées,

il faut ou cesser, ou se traîner péni-
blement ; l'inactivité de l'industrie ,
des arts, des sciences et de métiers
vient donc de l'usure.

Désordres par rapport au commerce.

Un commerce d'une certaine étendue , fait avec loyauté et bonne-foi ,
donne tout au plus dix pour cent net
par an ; si le négociant en donne douze
en usure , il ne peut se soutenir long-
tems ; et c'est pourquoi le Portugal ,
avec de grandes ressources, a toujours
périclité, et que les Hollandais, sim-
ples colporteurs, ont fleuri ; en Portugal, l'argent y était à douze , et en
Hollande , il y était à deux.

Si on détruisait l'usure, dira-t-on ,
le négociant ne trouverait point
d'argent pour faire son commerce.
Admettons pour un moment ce para-

doxe , sera-ce donc un si grand malheur que celui qui ne gagne que dix pour cent ne trouve point à emprunter à douze au moins ? Je crois au contraire que ce serait un grand bien ; aussi toutes les fois que des négocians m'ont consulté sur leur position , lorsque j'ai aperçu qu'ils perdaient plus en usure qu'ils ne gagnaient dans leur commerce , je leur ai conseillé de remettre leur bilan au plutôt, et ce dans leur intérêt comme dans celui de leurs créanciers ; ceux qui n'ont pas voulu suivre mes conseils ont fini par manquer, non, je le suppose, de 50,000 f., mais de 100,000 f. Il est donc bien prouvé que le commerce ne pourra se soutenir avec les usures énormes dont il est grevé; de là une foule de banqueroutes, qui sont autant de calamités publiques.

Si, lorsque vous examinez le bilan

d'un failli, vous voulez savoir au premier coup-d'œil quelle est la cause de
son malheur, ne regardez point le chapitre des pertes naturelles, elles sont
en général peu de chose ; mais regardez
d'abord le chapitre des usures dont il
a été grevé, et ensuite les banqueroutes
que l'usure a occasionnées, et vous
trouverez ce que vous aurez intérêt de
connaître.

Désordres par rapport aux finances.

Quelques personnes paraissent penser que les impositions pèsent un peu
trop sur le citoyen, et ce sans faire
attention que leur somme, par rapport à l'état de choses actuel, n'équi-
vaut pas, à beaucoup près, à celle
d'autrefois.

La masse des impositions est à l'ordre
économique, ce qu'est le grand ressort

à une pièce mécanique; ce grand ressort, dans l'un comme dans l'autre, est-il détruit? la machine ne mouvant plus, peut être considérée comme n'existant plus.

La masse des impositions étant le grand ressort de l'état, il faut donc l'entretenir à quelque prix que ce soit, sans cela tout est perdu; cependant l'agriculture, l'industrie et le commerce n'apportent plus le même tribut qu'ils apportaient aux finances; cette masse d'impositions, encore une fois, devant toujours être la même, le souverain est obligé d'en répartir le déficit sur des objets auxquels il n'aurait pas pensé sans cet inconvénient; conséquemment, l'usure empêchant l'agriculture, l'industrie et le commerce de payer le tribut qu'ils doivent, elle nuit donc singulièrement aux finances : car en dernière analyse, l'usu-

rier finira par s'emparer de tout ,
et ne laissera rien à personne. Au
reste , l'usurier exerçant ce qu'il appelle une industrie , son genre de commerce le soustrayant à la loi sur les
patentes , il n'en paie pas ; cependant
il en paierait si cette ressource lui
manquait , et s'il était forcé de faire
un état plus honorable.

Désordres par rapport à la justice.

L'augmentation de prix que l'usure
produit dans tout ce qui est vénal ,
force les personnes attachés à l'ordre
judiciaire d'élever le prix de leurs ho-
noraires ; d'ailleurs celui qui, voulant
plaider à bon droit , étant obligé
d'aggraver sa position par de grandes
dépenses , abandonne ses prétentions
pour éviter cet inconvénient : quand

aux expropriations forcées, le créancier est obligé d'y renoncer; d'abord, parce que l'objet grevé d'hypothèques ne représente plus la même valeur; ensuite, parce que l'argent nécessaire pour une pareille poursuite est trop cher. Dans ce cas, il faut donc que le créancier reste inactif, et c'est réellement son meilleur parti.

CHAPITRE IX.

Exemples donnés pour prouver que les circonstances politiques ne sont pas aussi défavorables au commerce qu'on le pense.

AUTREFOIS nous avions un commerce intérieur et un commerce extérieur ; admettons, et bien rigoureusement, que ce dernier n'existe plus, et que nous sommes réduits à nos seules ressources.

La France actuellement est l'état le plus puissant qui existe en Europe, soit par rapport à son étendue, sa population, l'activité et le génie de ses habitans, que par ses productions. Croira-t-on que plus de 30,000,000

d'individus, sous prétexte de circonstances politiques, qui ne sont autres
choses que des circonstances usuraires,
veulent rester et vivre dans l'inaction?
Non, on ne peut croire à cette erreur.
Si tous sont donc bien disposés à travailler, point de doute que tous ne
soient disposés à consommer. Du travail et de la consommation doit nécessairement résulter le commerce :
mais pour que le commerce aille, dira-
t-on, il faut de l'argent, et il n'y en a
pas. Il n'y a pas d'argent ! où donc
a passé celui qui existait, celui qui a
été fabriqué depuis, et celui qui est
résulté des contributions payées par
l'étranger, de l'argenterie des églises
et de celle des particuliers ? S'est-il,
par quelque espèce de miracle, enfoui
sous terre ? Non, il s'est enfoui dans le
coffre-fort des usuriers: conséquemment
si les usuriers ouvrent leurs coffres, les

productions renaîtront, le commerce s'opérera et la consommation se fera. Voilà, me dira-t-on, une belle théorie, mais la pratique y répondra-t-elle ? Si on peut juger le futur par le passé, je vais prouver que la pratique concordera parfaitement avec la théorie.

J'ouvre les *Observations sur l'Italie* par Grossay, tome. 1, page. 105, et j'y lis :

« Milan ne fut jamais plus peuplé,
» plus riche, plus florissant, que dans
» le tems de ses plus grands désastres;
» il en était ainsi *de toute l'Italie* au
» milieu du feu des guerres des Guel-
» phes et des Gibelins.............Peut-
» on, par quelque approximation, ap-
» pliquer à ce problême les causes
» auxquelles M. le président Hénault
» rapporte le concours de grands
» hommes en tous les genres que pro-
» duisirent ces siècles orageux que nous

» n'aimons que dans l'histoire ? Dans
» ces tems de crise, dit cet élégant et
» profond historien, les événemens
» heureux et malheureux mille fois
» répétés, fortifient l'âme, augmentent
» son ressort, ne lui laissent rien voir
» où elle ne puisse atteindre, et lui
» inspirent ce desir de gloire qui ne
» manque jamais de produire de
» grandes choses. »

Non, la fortune faite par Milan et
l'Italie au milieu du fracas des armes
étrangères, des torches des guerres
civiles, ne fut pas due aux crises dans
lesquelles ils se trouvaient ; ils ne
leur durent absolument que des hauts
faits d'armes et autres choses semblables ; cette fortune fut donc l'ouvrage
du commerce seulement, qui, malgré
qu'il fût grevé d'usure, ne l'était pas à
beaucoup près autant qu'aujourd'hui.
Lisez l'histoire de toutes les nations

et de tous les peuples, vous n'en trouverez aucune qui puisse être comparée
à celle qui nous désole. Si je n'avais
que Milan et l'Italie à citer, peut-être
bien pourrait-on douter de ce que
j'avance; mais j'ai un autre exemple
non moins frappant à offrir.

En 1221, presque toute l'Europe
était en armes, les guerres intestines
désolaient les villes et les campagnes ;
on ne pouvait guère aller par terre d'un
lieu à un autre sans gardes et sans
sauf - conduit. Un historien de Lyon
nous apprend qu'en 1209 les princes
donnaient des sauf - conduits et des
gardes à un marchand de Lyon, nommé Ponce de Chaponay, pour escorter
son argent, lorsqu'il passait sur leurs
terres ; d'ailleurs, les mers étaient couvertes de pirates. Malgré tous ces
grands obstacles qui semblaient devoir
étouffer absolument le commerce, voi-

ci ce que dit Aigrefeuille, *Histoire de Montpellier*, page 80 :

« Jacques II, seigneur de Mont-
» pellier, lors de son mariage fait en
» 1221, reçut en présent de cette ville
» une très-riche pièce de drap d'or,
» qu'un marchand de Montpellier avait
» apporté du Levant, c'était un fruit
» des soins que le conseil du jeune roi
» avait pris *de faire fleurir le commerce*
» *dans ses états*......Les services que
» Jacques pouvaient tirer de cette
» ville, joints à ceux qu'il trouvait déjà
» dans ses ports de Catalogne, le mi-
» rent facilement en état d'entrepren-
» dre quelque expédition glorieuse
» pour sa personne, et utile pour son
» royaume. »

En 1221, le commerce, dans une grande crise politique, avait donc quelque éclat à Montpellier. Eh pourquoi ? Parce qu'une usure énorme ne l'étouffait pas. Les circonstances politiques ne sont donc pas actuellement aussi contraires au commerce qu'on le pense, d'autant plus qu'aujourd'hui tous les genres de connaissances sont bien plus perfectionnés que dans le treizième siècle.

CHAPITRE X.

De l'intérêt légal, et de l'intérêt du commerce relativement à l'argent.

Montesquieu, *liv. 21, chap. 16,* en parlant en faveur de l'intérêt légal, s'exprime ainsi :

« La philosophie d'*Aristote* ayant été
» portée en occident, plut beaucoup
» aux esprits subtils, qui, dans les tems
» d'ignorance sont les beaux esprits.
» *Les scholastiques* s'en infatuèrent ,
» et prirent de ce philosophe leur doc-
» trine sur le prêt à intérêt ; ils le con-
» fondirent avec l'usure , et le con-
» damnèrent. »

Aristote, *Pol.*, *l. 1 , c. 9 et 10,* posait en principe qu'il était contre l'ordre de la nature de vouloir que l'argent produise de l'argent.

La philosophie d'Aristote , suivant Legendre , fut apportée de Grèce en Espagne vers l'an 1050 , et de là elle passa en France à-peu-près vers cette époque.

Dans le moyen âge , depuis l'an 900 environ , jusqu'en 1300 , le peuple , foulé aux pieds par les anarchistes féodaux , gémissait dans une profonde misère , sauf les villes de commerce. Les petits tyrans qui avaient osé se-couer le joug de la puissance souve-raine , après avoir usurpé les droits régaliens , ne descendaient du haut de leur donjon que pour aller demander féodalement la vie ou la bourse aux malheureux marchands qui passaient sur leur terre , même à l'aide d'un sauf-conduit timbré de leur sceau. Les vas-saux de ces espèces de guet-apens

n'étaient eux-mêmes guère plus épar-
gnés que les étrangers ; les propriétés
étant incertaines, l'usure s'accrut à
proportion des risques qu'il y avait à
faire connaître sa fortune : d'autant
plus que les guerres intérieures, les
voleurs de toute espèce, désolaient les
campagnes et les cités. A toutes ces
calamités, et malgré le Capitulaire de
Charlemagne qui proscrivait vigoureu-
sement l'usure : capitulaire qui naturellement était méconnu, l'usure se
présenta et entraîna tous les désordres
qui sont inséparables d'elle.

Les scholastiques (1), touchés de la
misère du peuple, qui était un composé de différentes religions, et ne
pouvant point argumenter par rapport
à toutes ces religions, d'après le pas-

______

(1) On appelait à cette époque scholastiques ceux
qui gouvernaient les écoles ecclésiastiques.

sage du *Deutéronome* qui proscrit l'u-
sure, s'emparèrent de la doctrine du
philosophe grec, et la firent valoir de
leur mieux. Ce premier essai ayant
réussi, ils crurent qu'il ne suffisait pas
d'émousser le poignard qui égorgeait
le peuple; ils le brisèrent en défendant
toute espèce d'usure, d'intérêt. Si ce
fait est exact, on voit que j'attribue
l'abolition de toute espèce d'intérêt,
non à l'enthousiasme, comme fait
Montesquieu, mais à la morale et à
la politique; et cela pouvait d'autant
plus s'opérer sans danger, et, qui plus
est, devenait d'autant plus utile, qu'il
n'y avait presque pas de commerce.

Par un raison contraire, Montpellier faisant beaucoup de commerce,
comme le prouve le célèbre voyageur
Juif, Rabbi Benjamin de Tudelle, qui
a écrit en 117., Montpellier, dis-je,
ne cessa point de pratiquer le prêt à

intérêt. Aussi son statut, composé d'anciennes coutumes, et rédigé en 1204, porte-t-il, article 68,

« La demande de l'usure (1), de
» deniers pour deniers, est nulle et doit
» être rejetée si elle n'a été promise
» par serment ; et c'est un droit com-
» mun, tant aux Chrétiens qu'aux Juifs,
» que le serment et la pleine foi soient
» gardés dans le prêt à usure. »

Cette citation prouve donc qu'il est utile d'admettre le prêt à intérêt, surtout dans les lieux commerçans, d'ailleurs, comme dit fort bien Ulpien, *celui-là paie moins, lorsqu'il paie plus tard*. Il faut nécessairement que le prêteur reçoive sa somme entière, et il la reçoit entière en recevant son

---

(1) A cette époque, les mots *usure* et *intérêt* étaient synonymes.

capital, plus les fruits civils qui sont les intérêts. Mais quel était l'intérêt à Montpellier ? il y a apparence que c'était celui prescrit par Justinien : six pour cent au plus.

A Venise, suivant Groslay (1), l'argent se vend ou s'engage au prix convenu entre l'acheteur et le vendeur ; les contestations sur ce traité, ajoute-t-il, se porte au tribunal des *Pioveggi*, qui règle les intérêts.

Comme Venise a fait un grand commerce, et que cette liberté, bien loin de l'avoir détruit, paraît l'avoir favorisé, il semblerait qu'il en doit être de même par-tout. Si on le pensait ainsi, on se tromperait beaucoup. D'abord, Venise avait une banque, qui, par son

____

(1) *Observations sur l'Italie*, tome 2, page 99, à la note. Cet auteur a écrit vers 1768.

institution, devenait le régulateur de l'intérêt, et un tribunal *ad hoc* qui savait rabaisser les prétentions trop onéreuses du créancier, lorsqu'il voulait les porter trop haut. On ne peut donc pas établir pour règle générale que la liberté de stipuler l'intérêt arbitrairement, puisse être aussi favorable en France qu'elle l'était à Venise.

Dans tous les états bien organisés, il est nécessaire d'établir un taux légal pour l'intérêt, et de tolérer un taux pour le commerce ; et si cette tolérance doit s'étendre sur le *minimum*, elle ne doit jamais passer son *maximum.* Exemple : en 1789, le commerce prêtait et prenait à six, pendant que la loi ne permettait l'intérêt qu'à cinq. Jamais le négociant qui prenait six n'a passé pour usurier ; mais s'il eût pris par exemple six et un seizième, tous ses confrères auraient crié après lui , et l'auraient abandonné. Pour détruire ces assertions, il serait sans doute inutile de citer quelques faits particuliers : de ce que quelques tigres à figure humaine égorgent, il ne s'en suit pas de là que tout le monde se soit livré à ce cruel excès.

La dernière loi qui a fixé le taux de l'intérêt, est l'édit de 1770 , qui l'a porté au denier vingt, ou à cinq pour cent.

Cette loi est fondée en raison : les biens territoriaux donnant quatre au plus, l'indemnité de l'argent prêté ne peut aller plus haut que cinq pour cent.

CHAPITRE XI.

Moyens employés par les usuriers pour exercer l'Usure. Raisonnement qu'on a fait pour prouver que toutes les lois rendues contre l'Usure sont inutiles, comme étant très-faciles à éluder; réfutation de ce raisonnement.

AVANT que la licence n'eût porté l'usure à son comble, quelques hommes, perdus dans l'opinion publique, faisaient le métier d'usurier; et pour couvrir leurs usures, ils se faisaient faire un contrat privé ou authentique, qui accusait le vrai capital, et des billets pour les intérêts usuraires; par conséquent la loi se trouvait violée avec tant d'adresse, qu'il n'était guère possible d'en démontrer la violation.

Si je prouve que dans toute autre contrat une violation équivalente à celle-là peut avoir lieu, alors il faudra de deux choses l'une, ou qu'il n'y ait point de loi sur tous ces cas, ou bien qu'il y en ait de passables.

Par exemple, un négociant ne peut-il pas faire une donation simulée, en ayant l'air d'associer avec lui la personne qu'il veut favoriser, sous prétexte qu'elle a apporté son industrie dans la société. Cela s'est vu et se verra encore, puisque la loi sur les donations comme sur l'usure peut s'éluder ; alors il n'en faut point contre ces deux espèces. Cependant, si sur de pareils arrangemens il est fait des réclamations devant les tribunaux, comme ces tribunaux sont composés d'hommes intègres et éclairés, en suivant toutes les sinuosités des usuriers et des faux donataires, ils finissent par découvrir la vérité des faits, comme il arrive tous les jours en matières criminelles. S'il en est ainsi, on peut donc atteindre l'usurier comme un autre fripon ; conséquemment, les lois contre l'usure ne sont donc point inutiles : n'en verrait-on tous les ans que trois ou quatre aux fers, il y en aurait assez pour en imposer à des milliers.

L'usure étant des plus ingénieuses, elle se présente sous toute espèce de forme et de couleur.

Lorsque l'usurier prête son argent, comme il a été dit, il le prête au plus pour trois mois, en retenant l'intérêt d'avance ; l'intérêt, étant ainsi pris par rapport aux trois mois, se trouve augmenté de toute la différence qu'il y a entre le terme de l'échéance et celui auquel il a été pris ; conséquemment, si Ulpien a dit avec raison *que celui-là paie moins qui paie plus tard*, on peut dire avec non moins de raison , *celui-là paie plus qui paie plutôt.*

L'intérêt n'est-il point payé d'avance au bout des trois mois, cet intérêt, englobé avec le capital , ne faisant plus qu'une masse , l'engagement étant renouvelé ainsi de trois mois en trois mois, il en résulte au bout de l'année une superfétation d'usure; enfin , l'â-preté de l'usurier est si grande , qu'il calcule le tems à l'heure et à la minute.

Si l'on devait déchirer du Code toutes les lois faciles à éluder, il faudrait déchirer toutes celles qui sont applicables aux crimes , puisque le crime se commet presque toujours sans témoins et avec de grandes précautions; mais si l'on doit laisser toutes celles qu'on peut maintenir en suivant sur les indices, les lois sur l'usure et les crimes doivent être maintenues.

En conséquence, je dis que les losi

rendues contre l'usure , comme les autres lois, doivent être maintenues, et que leur exécution doit être singulièrement surveillée. Dans cas , la loi commençant à appliquer la flétrissure sur l'usurier, l'opinion achevera de la graver sur son front en caractères ineffaçables.

CHAPITRE XII.

Explication de la loi qui déclare marchandises l'or et l'argent monnayés. Explication des articles du Code civil qui ont rapport à l'intérêt de l'argent.

L'ERREUR est inhérente à l'humanité, comme la rouille l'est au fer ; on a beau polir ce métal, et le mettre autant que possible à l'abri du contact de l'air, la plus légère vapeur ternit l'éclat qu'il a reçu de la main de l'artiste, et la rouille qui finit par s'attacher après lui, prouve tôt ou tard le vice qui lui est particulier.

De même l'homme a beau étudier, devenir savant, parmi les chefs-d'œuvre qu'il donne à la société, on trouve toujours certaines parties qui font reconnaître la faiblesse humaine, et qui conséquemment, prouvant l'erreur à laquelle elle est sujette, démontre le vice de ses connaissances.

Les Daguesseau, les Montesquieu, sont sans doute des hommes justement célèbres dans la république des lettres et de la législation : lisez leurs ouvrages, et vous y verrez dans certains paragraphes qu'ils sont hommes comme les autres.

Hé ! que dirons-nous de cette raison écrite, appelée *Droit Romain*, cet arsenal où tous les partis trouvent également des armes dans les antinomies qui s'y rencontrent. Aussi S. Bernard, en parlant contre l'introduction de ce droit en France, écrivit-il à Eugène III, pape en 1145, qu'il n'était pas un corps de lois, mais de procès : ce qui fit qu'Alexandre III , pape en 1161 , jugea à propos, au concile de Tours , , d'en défendre l'étude aux moines.

S. Bernard lui-même n'a-t-il point erré en s'élevant un peu trop fort contre une collection, qui , malgré les défauts qu'elle présente , est un chef-d'œuvre immortel ? Et ce qu'il y a de plus singulier , .c'est que plusieurs grands hommes qui ont écrit après lui ont tenu le même langage. En effet , on a vu Montaigne plaindre sa patrie parce qu'elle avait adopté tant de lois qu'il disait être *étrangères* et disparates ; comme si la raison qui y était écrite n'était pas pour tous les pays , pour tous les peuples.

Forterscue , chef de la justice , et depuis chancelier sous Charles VI, roi d'Angleterre , fit un livre intitulé *de Laudibus legum Anglicœ* , pour repousser le droit romain ; et Hoffman

14

assure, qu'après avoir étudié profon-
dément les lois de Justinien, il en a
reconnu *l'inutilité et le danger.*

Si tous ces grands hommes eussent
autant médité sur les beautés du droit
romain, qu'ils en ont étudié les
défauts, bien loin de l'avoir proscrit
en masse, ils auraient conseillé d'en
distraire les difformités et d'en conserver les beautés.

Nous avons en France des hommes
très-savans et très-profonds sur toutes
les parties de l'économie et de l'administration publique; néanmoins il
semble que, par une fatalité en France
comme en Angleterre, fort peu de ces
savans aient pris à tâche d'étudier
avec soin et persévérance les grands
principes monétaires : aussi Stenart
dit-il, *liv. 3, chap. 7, page 377,* en
parlant par rapport à l'or et l'argent

sur le rapport du poids de Troye et du poids de marc :

« Quelle honte que, dans le siècle
» où nous vivons , on ne puisse arri-
» ver à ce rapport que par approxi-
» mation ! »

Si les connaissances monétaires eussent été cultivées en France avec plus de soin et de persévérance qu'elles ne l'ont été, combien les personnes qui les auraient cultivées auraient-elles prévenus de procès aussi scandaleux que ruineux, et avec quelle facilité auraient-elles sapé l'usure dans ses fondemens. Essayons donc de poser des bases certaines , et discutons les lois anciennes et les lois nouvelles.

L'art. 1er de l'édit de 1770 fixe irrévocablement au denier vingt, c'est-à-dire à cinq pour cent, le taux de l'intérêt de l'argent.

L'art. 2 déclare usuraires les contrats faits à un taux supérieur , et autorise même les poursuites à l'extraordinaire contre les prêteurs qui violeraient l'article premier.

L'art. 3 ordonne aux juges de ne prononcer la condamnation des intérêts exigibles qu'au même taux de cinq pour cent.

La loi du 3 octobre 1789 veut que l'intérêt ne puisse s'élever au-dessus du taux déterminé par la loi ; elle permet la stipulation de l'intérêt dans les contrats où les capitaux ne seraient point aliénés.

La loi du 11 avril 1793 défendait de stipuler en espèces monnayées , et forçait de stipuler en assignats, à peine de six années de fer.

La loi du 6 floréal an 3 déclara marchandise l'or et l'argent monnayés; vingt-six jours après, c'est-à-dire le 2 prairial suivant, cette loi fut rapportée en ces termes :

« La convention...... rapporte son
» dernier decret qui a déclaré *mar-*
» *chandise l'or et l'argent monnayés ;*
» *ordonne l'exécution des lois anté-*
» *rieures qui prohibent le commerce des*
» *monnaies métalliques.* »

La loi du 5 thermidor an 4 permet
à chaque citoyen de contracter comme
bon lui semblera ; cette liberté ne
donna d'autre faculté que celle de
contracter en argent ou en papier.

Celle du 15 thermidor an 5 ne fut
rendue que par rapport à la réduction
des obligations contractées en papier
monnaie, antérieures à sa promulga-
tion.

L'article 1153 du Code Napoléon
porte :

« Dans les obligations qui se bornent
» au paiement d'une certaine somme,
» les dommages et intérêts résultant
» du retard dans l'exécution, ne con-

» sistent jamais que dans la condam-
» nation aux *intérêts fixés par la loi,*
» sauf les règles particulières au com-
» merce et au cautionnement.... »

L'art. 1907 est ainsi conçu : « L'in-
» térêt est légal ou conventionnel ;
» l'intérêt légal est fixé par la loi,
» toutes les fois que la loi ne le pro-
» hibe pas.

» Le taux de l'intérêt conventionnel
» doit être fixé par écrit. »

De cet exposé il résulte cette série de questions.

1°. L'édit de 1770, qui fixe l'intérêt à cinq pour cent, a-t-il cessé d'être en vigueur lorsque la loi du 3 floréal an 6 a déclaré marchandise l'or et l'argent monnayés ?

2°. L'or et l'argent monnayés peuvent-ils être considérés comme marchandises ?

3°. Qu'entend la loi par ces mots,

*l'or et l'argent monnayés sont mar-
chandises ?*

4°. Soit que l'or et l'argent monnayés puissent ou ne puissent pas être
considérés comme marchandises, la loi
du 2 prairial, qui rapporte celle du 6
floréal an 3, a-t-elle remis les choses
dans leur premier état ? Que veulent
dire les art. 1153 et 1907 du Code
Napoléon ?

Sur la première question. L'édit de
1770 n'a point été abrogé par la
loi du 3 octobre 1789 , puisqu'elle
le maintient par ces mots : *l'intérêt ne peut s'élever au-dessus du
taux déterminé par la loi ;* et la loi
du 3 floréal an 6 ne disant rien, ne
sous-entendant rien par rapport à l'intérêt , ce silence absolu laisse donc
toujours en vigueur l'édit de 1770.

Sur la seconde question. Il faut distinguer, par rapport à la loi du 3

floréal an 6 , l'or et l'argent monnayés démonétisés en partie ; de la monnaie (quelle que soit sa matière ou sa substance) régulatrice de toute chose , même de l'or et de l'argent monnayés, dont on vient de parler ; ou non monnayés , comme sont les matières brutes.

Lors de la loi du 3 floréal an 6 , la seule et unique mesure de valeur était le papier monnaie ; à son égard l'or et l'argent monnayés étaient une marchandise , comme pouvaient l'être les lingots , les matières de métaux précieux brutes ; de sorte que le papier monnaie achetait la monnaie métallique , mais la monnaie métallique n'achetait pas le papier monnaie. Je pense que tout ceci est évident, et ne comporte pas la plus légère contestation. Conséquemment , ce que fit la convention à cet égard ne blessait en rien les principes monétaires : mais si, s'étant expliquée en termes généraux, elle eût dit :

La monnaie pourra se vendre, elle eût d'autant plus contrarié les principes monétaires, qu'elle eût accordé une faculté impossible à réaliser. En effet, qu'est-ce que c'est qu'une monnaie ? Une monnaie est une mesure ; or, comme une mesure suppose une chose à mesurer, de là la distinction de deux choses de nature différente ; ainsi la nature de l'une constituant ce que l'on appelle monnaie, la nature de l'autre constituant ce que l'on appelle marchandise, l'or et l'argent monnayés, ou toute autre substance monnayée, ne peuvent donc pas être marchandise par rapport à la marchandise elle-même, pas plus que la mesure ne peut être sa propre mesure. Tout ceci, je crois, est encore clair et évident,

Faute d'avoir fait ces distinctions naturelles, à combien de calamités n'avons-nous pas été livrés! Dans le prêt à terme, on a vu une vente d'argent monnayé, dont le prix devait s'en payer à une époque reculée, et alors, contre tous les calculs que dicte la raison, on a dit : Cent donné actuellement, est égal à cent cinquante remis plus tard. On a trouvé dans cette *inégalité* une *égalité* qui donnait l'équivalence qui se rencontre, ou du moins qui est censé se rencontrer, dans le contrat de vente.

Si dans cette circonstance il y eût eu vente, comme la vente peut se consommer entièrement sur-le-champ comme à un terme plus reculé, il faudrait donc dire, en adoptant les sophismes reçus, et supposant que la vente se consommât entièrement sur-le-champ, que cent est égal à cent cinquante. Certes, je ne pense pas qu'aucun mathématicien soit tenté d'adopter ce rapport, ni que personne soit décidé à faire une pareille transaction. D'ailleurs si, dans une pareille transaction, il y avait réellement vente, l'acquéreur, lors de sa libération, ne rendrait point au vendeur une chose de même nature que celle qu'il a reçue, puisque, comme il a été dit, la mesure est de toute autre nature que la chose mesurée, mais il rendrait une autre chose ; conséquemment dans une transmission de cent pour avoir cent cinquante, il ne faut voir ni on ne peut voir une vente, mais un prêt qui comporte un capital, plus l'intérêt légitime, plus une usure. Je vais développer cette idée, en présentant quelques principes.

Sur la troisième question. Quelques économistes modernes, anglais, italiens

et français, voulant que l'intérêt de
l'argent ne soit point fixé par la loi,
mais seulement par l'arbitraire, ces
opinions ont été reçues par des personnes qui d'ailleurs ont beaucoup
d'instruction et de connaissance ; aussi
n'ayant point assez médité la loi du 3
floréal an 6, ayant cru voir que cette
loi consacrait le prétendu principe des
économistes, leur aveuglement a été
tel, qu'ils n'ont pas fait attention que
la loi du 2 prairial suivant rapportait
la précédente, et voulait que les anciennes lois reprissent leur empire ;
ainsi, lors même qu'il serait possible
que l'espèce monnayée devînt marchandise, lors même que la loi aurait
consacré ce faux principe, cette loi
ayant été rapportée, elle doit être considérée comme non avenue, et les seules
lois anciennes, telles que celle de 1770,
sont celles qui présentent les règles

(175)

uniques ; ainsi la loi du 2 prairial a donc remis les choses dans leur état primitif.

Sur la quatrième question. Cette question est infiniment plus difficile à résoudre que la précédente, par les discussions qui se sont élevées dans le Conseil-d'Etat (1), on voit que les législateurs n'ont eu d'autre intention que de donner la plus grande liberté aux citoyens ; intention pure qui appelle vers elle la plus grande reconnaissance ; néanmoins, mettant autant de prudence que possible dans une matière aussi importante, il est aisé d'apercevoir qu'ils ont voulu faire un essai qu'ils se sont proposés de modifier par la suite, si les résultats ne ré-

____

(1) Voyez les *Discussions du Conseil-d'Etat*, par MM. Jouanneau et Solon, tome II, pages 265 et 614.

pondaient pas à leur attente. Néanmoins, quelques membres ayant parlé
contre la faculté arbitraire de l'intérêt,
d'autres ayant parlé en sa faveur, il
en est résulté dans le Code des articles,
notamment ceux 1153 et 1907, qui
fournissent des interprétations favorables au malheureux débiteur, et d'autant plus utiles que les lois ont
toujours tendu à le favoriser, et qu'il
mérite ce bienfait à plus juste titre,
aujourd'hui qu'il est cruellement victime. Ces deux articles, suivant moi
et sans doute suivant les personnes
justes, sont un chef-d'œuvre de prudence : si le législateur se fût expli-
qué trop catégoriquement par rapport au créancier, celui-ci ayant abusé
de la trop grande latitude de la loi,
quelle porte serait aujourd'hui ouverte
au malheureux débiteur pour échapper
à sa cupidité ? Si au contraire le créan-

cier avait usé modérément de la faculté donnée par la loi , quelle issue lui resterait - il pour échapper à la mauvaise foi du débiteur ? Ainsi, la loi se prêtant à des interprétations basées sur la justice , je vais essayer de les donner sans argumenter , et d'après les discussions du Conseil-d'Etat , dont il y a , comme je l'ai dit en d'autres termes , des opinions en faveur des miennes , et d'autres contre , ce qui les rendant nulles , puisqu'elles se neutralisent réciproquement , empêchent d'argumenter d'après elles.

J'ai prouvé que , jusqu'au moins au 2 prairial an 3 , l'édit de 1770 était dans toute sa force et sa vigueur ; la question consiste actuellement à savoir si l'habitude constante des usuriers de prendre de grosses usures depuis ce tems-là , a pu faire tomber ce bienfaisant édit en désuétude.

Premier principe. L'égalité de condition est requise dans tous les contrats ; si elle ne s'y trouve pas dans une rigueur mathématique, et que néanmoins ils soient validés par les lois, c'est parce que dans le commerce il y a beaucoup de choses qui n'ont vraiment de valeur que celle qui existe dans l'opinion, qui souvent est des plus précaire ; aussi, comme la valeur des terres présente une espèce de certitude, l'ancien législateur admit la lésion d'outre moitié. Le Code Napoléon, art. 1674, admet les sept douzièmes.

Pourquoi, pourra-t-on dire, la loi veut-elle que la récision n'ait lieu que par rapport aux sept douzièmes, puisque les fonds de terre sont à leurs fruits comme 100 est à 3, 4, 5 ?

Des raisons bien déterminantes l'ont voulu ainsi. De nouveaux débouchés, une nouvelle amélioration de culture, un nouveau système d'impositions, les nouveaux établissemens qui peuvent se faire, ou bien les anciens qui peuvent se détruire, des ravages présumés, enfin mille circonstances peuvent contribuer à appauvrir comme à enrichir une terre en particulier; mais il n'en est pas moins vrai que la loi reconnaît le principe. Cela devait être, parce qu'il est incontestable.

Deuxième principe. La terre est la première mesure des valeurs, c'est à elle que toutes les autres se rapportent. La monnaie n'est naturellement que la seconde; mais par l'effet de la loi, effet qui lui a été accordé par rapport à la grande valeur qu'elle représente dans son peu de volume, et par rapport à ses autres qualités intrinsèques, elle est devenue le supplément de la première mesure.

La terre existant avant la monnaie,

et étant la source d'où découle toutes les richesses, elle est aux valeurs ce qu'est le mandat au mandataire, c'est-à-dire, la monnaie est un suppléant (1).

Troisième principe. La monnaie étant le suppléant de la terre, comme elle, elle mesure tout ce qui est vénal, et rapportant annuellement des fruits (2)

---

(1) Il est présumable que quelques personnes trouveront déplacés les mots mandat et mandataire ; si cela est ainsi, que diront-elles donc de l'apologiste de l'usure, Jérémy-Bentam, qui a donné la procuration de ses clients usuriers aux chevaux de son écurie, pour leur faire représenter l'argent et ses effets ; s'il l'eût donné à des ânes, encore passe. Comme personne n'a réclamé dans cette circonstance, je me plais à croire qu'il en sera de même dans celle-ci.

(2) Les rapports de la terre sont appelés fruits naturels, et ceux de l'argent sont appelés par les jurisconsultes, fruits civils, en raison de leur analogie avec les premiers.

elle ne peut produire ni plus ni moins , eu égard à la moyenne proportionnelle des rapports territoriaux. De ce principe incontestable découle celui de l'intérêt de l'argent : ainsi , supposé que la terre rapporte quatre pour cent par an , l'argent ne peut pas rapporter davantage. Cependant , comme il est difficile d'établir une juste moyenne proportionnelle, et qu'il est nécessaire de favoriser les emprunts , la loi accorde cinq pour cent, et c'est beaucoup.

Dérangez l'équilibre de cet ordre de choses naturellement établi , vous ne le ferez pas sans donner une supériorité à l'une des deux sur l'autre. Ce principe explique ce qui se passe aujourd'hui : l'équilibre qui résultait des rapport de la valeur des terres à celle de l'argent étant rompu en faveur de ce dernier , les terres sont dans l'avilissement.

Échange. L'échange est un contrat par lequel les contractans se donnent réciproquement certaines choses (sauf de l'argent monnayé), ou toute autre substance non monnayée et dont la valeur intrinsèque est rapportée par eux en particulier sur celle de la monnaie. Dans l'échange, les contractans peuvent se donner mutuellement des choses de même genre et de différens genres ou espèces, mais non de même genre et espèce, toutes choses d'ailleurs égales. Lorsque, par exemple, une personne donne et reçoit de la main à la main un écu de même poids, titre, fabrique, etc., il n'y a pas là, rigoureusement parlant, échange, parce que les parties restent dans le même état, parce qu'elles ont absolument le même objet; or, comme l'échange ne s'opère que d'après l'expectative d'un avantage, ni en ayant point dans l'hypothèse, il ne peut donc y avoir d'échange. De là je tire ces conséquences :

Dans deux choses de même genre et de même espèce, toutes choses d'ailleurs égales, ces choses étant mesure les unes à l'égard des autres, étant absolument semblables, comme telles devenant nulles comme mesures, elles restent sans effets ; et que si, toujours les choses étant semblables, une addition est faite à l'une d'elles, il y aura, de la part du contractant libéral, donation par rapport à cette addition ; mais il n'y aura pas pour cela vraiment échange.

Vente. La vente est un contrat par lequel l'une des parties s'oblige à donner à l'autre une chose, moyennant un prix en argent monnayé ; si elle s'obligeait de donner tout autre prix, il n'y aurait pas vente, mais échange.

Si la chose est payée sur-le-champ

en tout autre chose qu'avec de l'argent, il y a échange ; si elle est payée avec de l'argent, il y a vente ; si elle est payable à une certaine époque avec tout autre chose, il y a d'abord un échange, qui se convertit ensuite en prêt, fait de la chose qu'on est censé avoir reçu pour être remboursé par *dation* ; il en est la même chose si le paiement doit être fait en argent, c'est-à-dire, il y a vente, puis prêt.

De ces principes, je tirerai ces corollaires.

1°. Dans l'échange les choses sont mesures les unes des autres. Dans la vente la chose est mesurée par l'argent.

2°. L'échange peut avoir lieu dans des choses de même genre et de même nature, pourvu qu'il y ait au moins une légère différence ; la vente ne peut avoir lieu que lorsque les deux choses

qui conviennent à l'espèce sont de nature différente, et que l'une, qui est
l'argent, a une valeur fixe et déterminée ; pendant que l'autre, qui est
l'objet vénal, a ou n'a pas une valeur fixe et déterminée.

Eu égard à l'argent, pour détruire le principe que je viens de présenter, il serait inutile d'alléguer la
variabilité de la valeur de l'or par rapport à celle de l'argent, *et vice versa*,
et de celle que peuvent avoir les deux
métaux précieux par rapport à celle
de la terre ; quoique leur abondance
ou leur rareté réelle paraissent devoir
s'opposer à ce qu'ils puissent être reçus
comme mesure, néanmoins comme cet
inconvénient ne se présente qu'à pas
très-lent, produisant des effets pour
ainsi dire insensibles, ils ne doivent être
d'aucune considération.

Prêt à intérêt. Dans le prêt à intérêt,

comme dans le contrat d'échange et de vente, toutes les idées de valeur se rapportent à celle de la terre et à ses produits, puisque la valeur de l'argent se mesure sur celle de la terre, il est incompatible que la chose représentante donne d'autres effets que ceux que doit donner la chose représentée. De là la nécessité de ne s'écarter que très-peu de cette base.

De l'exposé de tous ces principes, il résulte que, si on fait rapporter plus à l'argent que ne rapporte la terre, tous les calculs étant détruits par la destruction de la base, on ne peut espérer que désordre et confusion.

Le mot *désuétude* sort du latin *de-suetudo*, qui signifie *hors d'usage*; dans le langage du droit, ce mot paraît être synonyme d'*abolition*, et se dit par rapport à la loi qui est anéantie et qui est *hors d'usage*; or, comme depuis la loi du 2 prairial an 3, qui confirme l'édit de 1770, les tribunaux ont toujours constamment prononcé d'après cet édit ; que l'article 1153 du Code Napoléon le rappelle implicitement, en disant que : *les intérêts ...... ne consistent jamais* (dans les condamnations) que dans ceux *fixés par la loi* ; il est bien évident que l'édit n'est pas tombé en désuétude ; mais comme l'article ajoute, *sauf les règles particulières au commerce,* la question consiste à savoir actuellement quelles sont ces règles.

Le mot règle étant métaphorique, nous présente l'idée d'une chose droite, régulière, uniforme et certaine. Où trouverons-nous cette régularité, cette droiture et cette uniformité ? Sera-ce dans le taux des usuriers qui prennent depuis dix jusqu'à cent pour cent, ou bien dans le taux du commerce, qui prenait anciennement par toute la France six pour cent (1). La raison, la justice, la nature de la règle, veulent donc également que ce ne soit point les usuriers qui donnent le ton, ni les circonstances actuelles qui égorgent le commerce, mais la règle qui se pratiquait anciennement, c'est-à-dire la règle de six pour cent.

L'art. 1907 du Code reconnaît deux intérêts, l'intérêt légal et l'intérêt conventionel. L'intérêt légal est, comme on l'a vu, celui fixé par l'édit de 1770, c'est – à – dire celui fixé à cinq pour cent ; l'intérêt conventionel est celui fixé par le commerce, c'est-à-dire que

---

(1) Il serait inutile de citer quelques brigandages particuliers pour détruire cette assertion. On sait que si, en 1789, un négociant eût prété à six et un seizième pour cent, il eût été déshonoré. Donc, etc.

c'est celui qui a été fixé par les parties à 6 pour cent. Cette faculté d'intérêt conventionnel est un amendement à l'édit de 1770, et cet amendement est fondé en raison.

Il me semble déjà entendre dire que l'explication que je donne est pleine de subtilité, et voir les personnes dont elle contrarie la cupidité en appeler aux discussions du Conseil-d'Etat, et sur-tout dire que l'article ajoutant ces mots :

« Le taux de l'intérêt conventionnel » doit être fixé par écrit. »

Ce mot *fixé* n'admet d'autres limites que celles apposées par les parties.

Je crois avoir déjà prouvé qu'on ne pouvait, dans cette matière, argumenter d'après la discussion du Conseil-d'Etat, vu que ces discussions n'étaient qu'une controverse faite à dessein pour faire ressortir la vérité, et que la loi qui en est résultée n'a été qu'une espèce d'essai : ce qui prouve que cette loi n'a été qu'une espèce d'essai, c'est qu'il y est dit : Toutes les fois que la *loi ne le prohibe pas* ; ce qui suppose que si, par la suite, cet intérêt paraît exorbitant, il pourra être prohibé, et il pourra devenir exorbitant lors même qu'il tombera ou pourra tomber à trois, ou quatre pour cent : j'ai vu à Bordeaux l'intérêt du commerce à quatre pour cent. Quant au mot *fixé*, il a été utilement employé, non pour présenter un arbitraire révoltant, mais au contraire pour opposer en tant que de besoin des bornes à la cupidité ; ainsi il signifie que si les parties conviennent d'un intérêt annuel à cinq un huitième, cinq un quart, jusqu'à six pour cent, la convention en sera écrite, et que, dans le cas contraire, il ne sera alloué que cinq pour cent.

Quoique je présume que tout ce que je viens de dire ne souffre pas beaucoup de réplique, je vais supposer que j'ai absolument erré, et que les règles du commerce doivent être prises dans ce qui se passe aujourd'hui sur la place, alors je mettrais en question ceci :

Les usuriers donnant le ton, le commerce prenant depuis huit jusqu'à cinquante pour cent, sans comprendre tous les genres d'anatoscisme qui entrent dans ces sortes de spéculation : dans cette éternelle variation, où prendra-t-on une règle ?

Prendra-t-on huit pour cent pour règle? mais en conscience on ne le peut; car le voisin qui est à droite prend sept trois quart, pendant que celui qui est à gauche prend neuf pour cent. Prendra-t-on cinquante pour cent ? même inconvénient; inconvénient d'autant plus grand que le négociant qui emprunte ne gagne au plus, dans son commerce annuel, que dix pour cent ; et comme la règle *dont parle la loi* ne peut être prise dans une variation continuelle, et que conséquemment elle doit être prise dans un ordre de choses permanent, on doit répugner à prendre des bases sur les données présentées : mais je comprends, il faut prendre la moyenne proportionnelle quarante; cela est aussi facile qu'il l'était à Archimède d'enlever la terre par une machine, pourvu qu'on lui donnât un point d'appui; ainsi, si quelqu'un veut fournir *le minimum* (ce qui sera très-aisé) *et le maximum* (ce qui sera très-difficile) *de l'usure,*

je conviens que la chose est praticable ;
en conséquence je suis prêt à convenir
qu'il faut briser ma règle. Mais jusqu'à
ce qu'on m'ait fourni le moyen que je
demande, je dis que l'édit de 1770 est
toujours en vigueur : qu'il y a en France
deux intérêts, l'intérêt légal et l'intérêt conventionnel ; l'un est à cinq
pour cent, et l'autre est à six pour
cent au plus.

CHAPITRE XIII.

De quelle manière se prouve l'Usure.

POUR me servir de l'expression de Ferrière, l'usure ayant été régardée comme le poison le plus dangereux à la société, elle a été déclarée imprescriptible ; de manière que trente ou quarante ans, plus ou moins, après avoir été payée, elle peut être réclamée judiciairement.

En matière d'usure, on a égard aux témoignages singuliers, lorsqu'il y a plus de dix témoins différens qui déposent sur un même fait ; et on appelle témoin singulier-celui qui dépose différens faits qui ont rapport au fait général : ainsi, lorsque dans un cas il s'agit de prouver une habitude continuelle , et qu'on traite de cette habitude en général , le genre se constate par la preuve de plusieurs espèces de faits particuliers ; car, alors , quoique les témoins déposent divers faits , on admet leur déposition parce que ces faits ont pour objet le même genre , et tendent à la même fin. Ainsi, en matière de preuves , quand plusieurs parties tendent à former un tout , ces parties séparées , qui ne seraient d'aucun usage , font, par leur assemblage, un genre complet. *Ferrière.*

CHAPITRE XIV.

De ce qui devrait être pratiqué à l'égard des usuriers, par rapport au passé, au présent et à l'avenir.

Toutes les fois qu'une pratique, même odieuse, a été tolérée, il serait aussi injuste qu'impolitique de punir celui qui s'y est livré. La tolérance, sous ce rapport, équivalant à une loi, la punition qui serait infligée à celui qui en aurait profité porterait avec elle un aussi grand caractère d'injustice que si on le punissait pour avoir profité d'une loi expresse. D'ailleurs, les désordres qui suivraient naturellement ce genre de punition interdissent toute espèce d'effet rétroactif à cet égard. Les inconvéniens qui suivirent le *visa*, lors de la chute du système de Law, nous prouvent ces deux vérités ; il est donc utile d'oublier tout ce qui s'est fait.

Quand au présent, il me paraît nécessaire de distinguer deux espèces d'individus : les marchands d'argent ou les vrais usuriers, et les négocians. Par rapport aux premiers, il me semble naturel de déclarer que dans les engagemens non réglés, ou étant réglés mais non échus, l'usure en sera distraite, et qu'en cas de réclamations de la part du débiteur, en raison de ce que l'usurier lui contesterait cette distraction, et que l'affaire fût portée devant les tribunaux, si là l'usure était prouvée, l'usurier devrait être puni aux termes des ordonnances citées aux pages 41 à 44.

Par rapport aux négocians (1), les engagemens non réglés, ou étant réglés mais non échus, il devrait être ordonné qu'il ne serait point fait de réclamations entre eux, sauf le cas où il serait évidemment prouvé qu'ils eussent fait essentiellement le commerce d'argent. Ces deux manières de procéder me paraissent extraordinairement justes. Les premiers qui ont violé la loi bien volontairement, doivent être punis de cette violation ; les seconds, qui ne l'ont violé que parce que les premiers les ont conduis à cet excès, ne doivent point être punis, parce qu'ils ont cédé à une force majeure. D'ailleurs, cela dérangerait les calculs du commerce.

---

(1) Dans cette conjoncture, on ne devrait reconnaître pour négociant ou marchand que celui qui prouverait par sa patente, qu'il est tel ; les usuriers n'en ont point et n'ont jamais été tentés d'en prendre, quoiqu'ils se disent banquiers.

Lorsque des négocians ont transigé ainsi, le preneur s'est arrangé de manière à payer la surcharge qui pesait sur lui, et le donneur a calculé sur les rentrées qu'il devait espérer ; et il a dû d'autant plus calculer ainsi, qu'il n'a fait à un autre négociant que ce qu'on lui a fait à lui-même. On ne pourrait donc, sans injustice et sans inconvénient, opérer différemment, étant juste que le poids de la vexation repose entièrement sur la tête de ceux qui en sont les auteurs.

CHAPITRE XV.

*Moyens à employer pour détruire l'U-
sure. Quels sont les taux de l'intérêt
qui devraient être établis.*

Puisqu'une funeste expérience nous
a instruits sur tous les genres de maux
qu'entraîne avec elle l'usure , puisque
tous les bons esprits sentent la nécessité de donner un frein aux usuriers,
et qu'un grand mal exige un grand
remède , dont l'effet soit prompt et
subtil , il devrait être établi trois taux
pour l'intérêt, à la suite d'une loi à-
peu-près semblable à celle qui suit ;
cette loi , qui est de Louis XIII, porte,
article 151 :

« Défendons à nos subjets toutes

» sortes d'usures , ny de traicter en
» autre forme que celle prescrite par
» nos ordonnances , prendre et rece-
» voir plus haut intérêt que du denier
» seize , sur peine de confiscation des
» sommes principales, et condamna-
» tion d'amendes , selon la qualité des
» sommes et de l'usure , dont nos
» juges ne pourront dispenser , aux-
» quels enjoignons d'y procéder avec
» toute sévérité. *N'entendons toutefois*
» *comprendre en cet article les traictez*
» *que les nécessitez de nos affaires*
» *nous obligent de faire , et les profits*
» *que nous accordons pour raison de*
» *ce, et ceux avec lesquels nous faisons*
» *lesdits traictez en nostre conseil.* »

Le premier taux serait établi en faveur de l'agriculture ;

Le second en faveur du commerce ;

Le troisième par rapport au prêt
sur gage.

Le prêt pour l'agriculture devrait être à cinq pour cent; parce qu'ordinairement ce genre de prêt se fait sous hypothèque ou sur la récolte, et que conséquemment le créancier a une sureté.

Le prêt pour le commerce devrait être à six pour cent. Deux raisons paraissent l'exiger ainsi : 1°. le commerce devant se faire avec célérité, et conséquemment le négociant devant être servi promptement, il est nécessaire de lui donner même l'avantage d'être servi avant l'agriculteur, qui ne périclitera pas pendant quelques jours de retard, au lieu que le négociant peut péricliter pendant le retard de quelques heures ; 2°. parce qu'en prêtant au négociant, il y a plus de risque à courir qu'en prêtant à un propriétaire, et que le *un* pour cent de plus, qu'il aura la permission de donner, sera la prime du risque.

Le prêt sur gage devrait être fixé à quatre pour cent : plusieurs raisons paraissent l'exiger ainsi.

1º. Le créancier ayant entre ses mains une sureté mobiliaire, par la vente judiciaire ou conventionnelle qui peut s'en faire, il est remboursé bien plus facilement, bien plus promptement, que s'il eût prêté sur une sureté réelle.

2º. Le négociant qui, par exemple, engage ses marchandises, étant privé d'en faire la vente en tems opportun, se trouvant privé des ressources qu'elles lui auraient procuré, est déjà assez grevé.

3º. Ce moindre taux de l'intérêt, résultant d'une condition très-onéreuse au commerce, sera un obstacle utile pour la rendre plus rare : ce qui est absolument nécessaire ; parce qu'un pareil emprunt étant le résultat du discrédit du négociant qui est prêt à succomber, en le grevant plus que l'on ne le doit grever, c'est rendre sa position plus malheureuse, c'est rendre sa chute plus terrible, enfin c'est priver, en cas de faillite, la masse de ses créanciers pour en favoriser quelques-uns.

Cet ordre de chose établi ainsi, il devrait être déclaré que toutes personnes qui auraient prêté à usure seraient condamnées aux fers, pendant un tems proportionné au taux qu'elles auraient pris au-dessus de celui fixé par la loi ; et on peut être bien sûr que du moment que cinq à six usuriers auront été envoyés aux galères , les autres se maintiendront dans les limites qui leur auront été assignées.

Quelques personnes pourront trouver sans doute une trop grande sévérité dans la punition que je présente ; mais si elles réfléchissent à tout ce que peut l'argent sur les hommes cupides , elles conviendront que ce sera même beaucoup si ce moyen est propre à arrêter quelques - uns d'eux ; et comme il y a deux moyens les plus usuels pour éluder la loi, 1º. celui de se faire faire des billets pour tout le montant de l'usure, 2º. celui de faire prêter par des agens ; voici quels sont les expédiens propres à découvrir la vérité des faits.

Par rapport aux billets entre des négocians, la preuve est facile à établir par les livres, comptes et mémoires respectifs des parties ; quant à ceux faits par d'autres particuliers, il est bien évident qu'il n'y a d'autre marche à suivre que celle que l'on suit dans toutes les autres matières criminelles, qui se pratiquent toujours sans témoins.

Quant aux prêts faits par des agens, il devrait être déclaré que celui qui, avant ou après avoir été dénoncé en justice, nommerait son commettant, serait renvoyé absous et recevrait de plus une certaine somme. Au reste, si tous ces moyens ne sont point propres à arrêter ce genre de crime, au moins sont-ils propres à l'entraver, et c'est déjà beaucoup ; dans cette circonstance, la loi sur l'usure sera comme toutes les lois rendues par rapport aux autres crimes. Quoique les lois criminelles punissent de mort les meurtriers, il y a tous les jours des meurtres ; les auteurs du plus

grand nombre, quoique s'étant portés
à cet excès sans témoins , sont décou-
verts, et quelques-uns , ce qui est très-
rare , échappent au glaive vengeur de
la loi.

CHAPITRE XVI.

Effets qui résulteront de la suppression de l'Usure.

TOUTES les fois que l'on contrarie la cupidité des hommes, on les met de très-mauvais humeur; et semblables à l'enfant en colère qui refuse, pour se venger de ses parens, la nourriture qu'ils lui présentent, ils refusent les avantages naturels qu'on veut leur donner ; mais, comme les enfans, conduits par la faim vers ceux dont ils s'étaient d'abord éloignés, privés des avantages qu'on leur avait d'abord offerts, ils finissent par s'empresser à les recevoir. Un sage a parlé exacte- ment lorsqu'il a dit que souvent les enfans étaient des hommes , et que les hommes étaient souvent des enfans.

Ainsi , si jamais mon projet était adopté , il faudrait s'attendre à voir les usuriers (lesquels sont en bien plus grand nombre qu'on ne le pense) , les premiers jours , et même les premiers mois , resserrer leur argent : ils n'en mettront pas un sous sur la place ; mais lorsqu'ils verront que leur trésor , bien loin de rester dans le même état , diminuera tous les jours : voyant que la punition qu'ils veulent infliger retombe principalement sur eux , le premier emploi qu'ils en feront sera en fonds de terre ; les terres seront-elles montées à leur juste valeur , l'argent excédant sera versé dans les entreprises , les manufactures et les fabriques ; tous ces moyens industriels seront-ils satisfaits , alors les bourses s'ouvriront au commerce , et il faudra , au moins environ un an pour que tout cela s'opère.

Je fonde mes présomptions sur ce grand principe monétaire.

Toutes les fois que l'on touche, directement ou indirectement, à la monnaie, même pour simplement l'améliorer, il en résulte d'abord de grands inconvéniens ; les bons effets ne s'en font sentir qu'à la longue ; alors le prince jouit avantageusement des utiles réformes qu'il a opérées. Enfin, l'extirpation des désordres économiques produit le même effet au corps politique, que l'extirpation d'un polype au corps humain : l'opération est d'abord douloureuse, elle conduit quelquefois le malade aux portes de la mort ; mais aussi une fois qu'il a recouvré la santé, il n'en devient que plus fort et plus robuste. Pour opérer ce prodige, il ne s'agit que de

bien préparer l'individu de manière à
le rendre propre à recevoir sans danger l'opération qu'il est indispensable
de lui faire, si on ne veut le voir
périr.

OBSERVATIONS ESSENTIELLES.

Si dans le courant de cet opuscule je me suis permis quelques satires, on a vu que je ne les ai dirigées absolument que contre les usuriers proprement dits, et non contre les négocians, ni contre les personnes qui, par leur position, sont forcées de faire valoir quelques poignées d'écus; néanmoins, comme il serait possible que j'eusse erré sur quelques *principes d'économie politique ou de législation*, ce sera avec autant de respect que de reconnaissance que je recevrai les avis des personnes qui voudront bien prendre la peine de me les donner.

On se tromperait beaucoup, sans doute, si l'on pensait que je considère comme partisans des usuriers ceux qui

parlent et écrivent en faveur de l'u-
sure. Je connais quantité de personnes
vertueuses qui, malgré qu'elles détes-
tent les usuriers aussi cordialement que
moi, n'en proclament pas moins des
principes diamétralement opposés aux
miens : d'abord parce qu'elles croient
les prendre dans la nature des choses,
et ensuite parce qu'elles espèrent obtenir les résultats que j'espère obtenir
moi-même; et comme c'est du choc
des opinions que sort la lumière de la
vérité, ceux qui voudront me faire
l'honneur de m'adresser des mémoires
tendant à accréditer ou discréditer
mes opinions, je les ferai imprimer
(avec ou sans leur nom, suivant qu'ils
l'auront décidé), avec mes réponses
et mes observations. Ces discussions
ainsi rendues publiques en provoque-
ront d'autres qui ne seront pas sans
utilité.

Ceux qui voudront me faire l'honneur de m'écrire, pour que leurs lettres et mémoires ne restent point à la
poste, sont priés de les affranchir et de
me les adresser Cloître St-Benoît, nº 7.

FIN.

Fin de la Table.